Inégalités et développement humain

Le Mali à la croisée des chemins

Alhousseyni Amadou MAÏGA
Dramane Lassana TRAORÉ

Inégalités et développement humain

Le Mali à la croisée des chemins

Avant-propos de Pr Issa SACKO

Préface de S.E. Ahmed Mohamed Ag HAMANI

L'Harmattan
Mali

ACI2000 Bamako - Immeuble Jean-Marie CISSE
Bureau 10
Tél. : +223 76 43 00 66 /+223 66 89 33 72
www.harmattanmali.com

Couverture et mise en page : Coco Joyce

ISBN : 978-2-336-58628-1
EAN : 9782336586281

DÉDICACE

À nos familles.

Selon Platon : ***« Si un État veut éviter la désintégration sociale, il doit veiller à ne tolérer aucune augmentation de l'extrême pauvreté comme de l'extrême richesse dans quelque partie que ce soit du corps social, parce que l'une comme l'autre conduit au désastre. C'est pourquoi le législateur doit veiller à fixer clairement les limites acceptables de la richesse comme de la pauvreté ».***

AVANT-PROPOS

Cet ouvrage est né de la collaboration de deux économistes, spécialistes des questions de développement. Patriciens chevronnés, ils enseignent également tous les deux à l'université et dans des grandes écoles de la place. Par conséquent, vous y trouverez des aspects théoriques et pratiques des questions d'inégalités et de développement humain.

Il est difficile de traiter de la question des inégalités[1] et du développement humain[2] dans un contexte de durabilité. Ceci n'est pas une mince affaire dans un pays sahélien comme le Mali, dans lequel la définition même des ressources socialement valorisées est variable dans l'espace et dans le temps.

Les inégalités, tout comme la pauvreté, sont multidimensionnelles. Elles peuvent être structurelles, sociales, politiques, juridiques, économiques, voire ethniques. C'est pourquoi, leur analyse peut s'avérer ardue. Comprendre les formes d'inégalités sociales et favoriser leur prise en compte dans les politiques publiques ne peut se faire sans un dispositif de suivi.

L'ambition de ce travail n'est pas d'être exhaustif dans l'analyse de la dynamique des formes d'inégalité d'accès aux services sociaux de base, mais elle est de faire comprendre leur existence et les effets qu'elles pourraient avoir sur le processus de croissance inclusive au Mali. Étant donné la diversité des ressources socialement valorisées, comment :

---

[1] Différences entre individus ou groupes sociaux portant sur l'accès à des ressources socialement valorisées.

[2] Concept forgé pour prendre en compte certains aspects du développement non pris en compte dans le PIB.

- déterminer les tendances des inégalités sociales au Mali ?[3] ;

- mesurer les inégalités de chance à l'aune de l'évolution de la structure sociale ?[4].

L'ouvrage écrit par Dr **MAÏGA** et Dr **TRAORÉ** met en évidence les diverses formes d'inégalités d'accès aux services sociaux de base et de développement humain au Mali ; et ce faisant, il permet d'éclaircir certains aspects des politiques publiques menées dans ce pays depuis la fin des années 1990.

De par sa démarche méthodologique originale, alliant théorie et pratique, ce livre permet de décortiquer des aspects liés aux capacités d'accès aux services socio-économiques de base et /ou aux opportunités et à l'égalité des chances qui sont bien souvent des entraves structurelles à la mobilité et à la cohésion sociales.

Accessible et de lecture agréable, cet ouvrage aidera les étudiants à se familiariser avec les notions d'inégalités et de développement humain. Il sera également très utile à tous ceux qui sont amenés à travailler sur des thèmes de développement durable, de développement social et/ou du financement de la réduction de la pauvreté de masse en général et des inégalités en particulier. Les auteurs y ont formulé des recommandations pertinentes qui sont de précieuses aides à l'attention des décideurs afin de leur permettre d'être efficients dans leurs actions en matière de réduction des inégalités sociales et de la pauvreté.

Le livre fait *l'état des lieux des principales formes d'inégalités d'accès aux services sociaux de base et de développement humain* au Mali, à l'aune des différentes politiques publiques menées, dont les incidences sur la

[3] Problème de la diversité d'acception du concept d'inégalité dans l'espace et dans le temps.
[4] Problème d'appréhension de la mobilité sociale dans le temps et dans l'espace.

réduction des inégalités sont étudiées pour certaines. Globalement, ces travaux décèlent les facteurs qui jouent un rôle crucial dans la réduction des inégalités. Des expériences menées dans d'autres pays sont également mises en avant pour mieux édifier le lecteur sur le phénomène.

L'ouvrage est organisé en quatre parties. La première passe en revue les théories relatives aux inégalités sociales et donne un aperçu des Objectifs de Développement Durable (ODD). Dans cette partie, les auteurs reviennent sur les théories rawlsiennes de la justice sociale. La deuxième partie met l'accent sur l'analyse des principales politiques mises en œuvre par les autorités dans les domaines du développement social et de la réduction des inégalités sociales au Mali. La troisième partie est pratique avec des données statistiques. En effet, elle décrit l'évolution des principales formes d'inégalités/disparités d'accès aux services sociaux de base (inégalités de conditions de vie). Enfin, la quatrième partie est relative aux implications des politiques de développement humain et de réduction des inégalités sociales.

A la fin, l'analyse débouche sur des propositions pratiques pour le Mali. À ce sujet d'ailleurs, les auteurs exhortent les autorités à mettre un accent particulier sur la gestion des conséquences négatives de la crise de 2012 sur les services sociaux (déscolarisation des enfants par exemple) et sur la mise en place d'un dispositif de suivi et d'évaluation des inégalités.

Dans l'ouvrage, les auteurs font montre d'une maitrise des méthodes de techniques d'analyse quantitative. Les statistiques issues de différentes enquêtes scientifiques, les graphiques et les tableaux sont utilisés, à bon escient, pour mieux illustrer les idées et les faits abordés.

Dr Alhousseyni Amadou **MAÏGA**, en plus d'une fine connaissance des questions économiques de par sa formation dans les meilleures écoles et universités du monde, sanctionnée par un Doctorat en économie (Option : Finances publiques), dispose d'une solide expérience de terrain grâce aux différents postes de responsabilité qu'il a occupés dans l'Administration des finances au Mali. Il a été Directeur régional du budget et Chef du Bureau central de la solde (BCS) du Mali.

Dr Dramane Lassana **TRAORÉ** est enseignant-chercheur à la Faculté des Sciences économiques et de Gestion de l'Université des Sciences sociales et de Gestion de Bamako (USSGB), où il anime des modules de formation en Macroéconomie, Economie du Développement, Finances publiques, etc.. Spécialiste des questions de développement, Dr TRAORE y a mené plus d'une vingtaine d'études scientifiques avec des organismes nationaux et internationaux de recherche.

Fruit d'un travail fouillé, méticuleux et passionné, ce livre que j'ai lu avec plaisir m'a paru édifiant, clair et précis. Je le recommande donc à tous ceux qui sont intéressés par les questions de développement économique. Cela a été un privilège pour moi de l'introduire.

Pr Issa SACKO

Chevalier de l'Ordre national du Mali.
Chevalier de l'Ordre international des Palmes académiques/CAMES.
****
Professeur Titulaire à la Faculté des Sciences économiques et de Gestion (FSEG)
Université des Sciences sociales et de Gestion de Bamako (USSGB)
Ancien Vice-Recteur de l'Université des Sciences sociales et de Gestion de Bamako (USSGB)

PRÉFACE

En accédant à la demande de Dr Alhousseyni Amadou MAÏGA et de Dr Dramane Lassana TRAORE de préfacer leur livre portant sur les *Inégalités et Développement Humain : Le Mali à la croisée des chemins*, j'ai pleine conscience d'avoir accepté un redoutable honneur, celui d'apprécier dans la forme et dans le fond l'ouvrage de deux auteurs d'expériences et lui porter un jugement qui, en considération de la qualité de ma fonction, pourrait faire autorité.

Le souci de rendre service aux étudiants, enseignants, chercheurs et praticiens les ont incités à publier les travaux de leur réflexion sur des sujets d'actualité et de préoccupation pour les pouvoirs publics et les citoyens : le développement durable et la réduction des inégalités.

Les auteurs sont bien outillés pour porter un éclairage explicatif et critique sur ce thème bien problématique. En effet, Messieurs Alhousseyni Amadou MAÏGA et Dramane Lassana TRAORE, en plus d'une fine connaissance des questions économiques de par leur formation, car détenteurs de Doctorat en sciences économiques, disposent de solides expériences de terrain accumulées à la suite de leurs différents postes occupés dans la haute Administration financière et universitaire. Dr MAÏGA a assumé de grandes responsabilités dans l'Administration financière du Mali en tant que Directeur régional du Budget et Chef du Bureau central de la Solde (BCS) ; et Dr TRAORE s'occupe de formations académiques à la Faculté des Sciences économiques et de Gestion de l'Université des Sciences sociales et de Gestion de Bamako (USSGB). Ils partagent leurs expériences et connaissances à travers les enseignements qu'ils dispensent dans certains établissements d'enseignement supérieur de la place.

La question des inégalités sociales, leurs effets sur la croissance économique et sur le niveau de développement en général ont donné lieu à une littérature variée et importante. Même si ces différentes études ne font toujours pas l'unanimité, il n'en demeure pas moins vrai qu'une bonne partie confirme que le creusement des inégalités s'avère néfaste pour la croissance économique à long terme. Ces études partent du constat selon lequel les sociétés caractérisées par un degré d'inégalités sociales élevé affichent un fonctionnement inefficient et souffrent de dysfonctionnements économiques et sociaux patents. Outre le rétrécissement de la classe moyenne du fait de la concentration des revenus en haut ou en bas de la distribution, la prévalence des inégalités sociales compromet sensiblement les efforts des pouvoirs publics en matière de réduction de la pauvreté.

Inégalités et Développement Humain : Le Mali à la croisée des chemins se caractérise par sa double qualité. C'est d'une part, un ouvrage bâti sur des fondations théoriques éprouvées qui pourraient en faire un classique ; et d'autre part, un ouvrage documenté avec des informations de référence actualisées et vérifiées. Dans l'ouvrage, Docteurs MAÏGA et TRAORE font l'état des lieux des principales formes d'inégalités d'accès aux services sociaux de base et de développement humain. La réduction de ces inégalités sociales est un facteur important de la croissance inclusive. Concrètement, leur analyse se développe en quatre parties :

La première partie porte sur les théories relatives aux inégalités sociales et donne un aperçu des Objectifs de Développement durable (ODD). Les auteurs passent en revue l'importance des inégalités dans les sociétés démocratiques, la promotion de l'égalité dans la hiérarchie sociale, la notion d'inclusion sociale ainsi que les théories relatives à la justice sociale.

La deuxième partie aborde les principales politiques mises en œuvre par le Mali dans les domaines du développement social et de la réduction des inégalités sociales. Il s'agit, entre autres, de la politique éducative, de la politique sanitaire et nutritionnelle, de la politique énergétique, de la politique d'urbanisation et d'habitat ainsi que de la politique de protection sociale et environnementale.

L'aspect pratique de l'ouvrage réside dans la troisième partie qui retrace l'évolution des principales formes d'inégalités et de disparités d'accès aux services sociaux de base (inégalités de conditions de vie), en mettant en exergue les principales contraintes relatives à leur réduction.

Enfin, dans la quatrième et dernière partie, les auteurs font état des principales contraintes influençant négativement la réduction des inégalités en matière d'accès aux services sociaux de base et terminent par des propositions en faveur du développement humain. Ces propositions portent essentiellement sur la gestion des conséquences négatives de la crise de 2012 en ce qui concerne les services sociaux, les différentes formes de vulnérabilité, les défaillances stratégiques (choix des politiques sociales en termes d'efficacité ou de résultats d'impact) ainsi que la mise en place d'un dispositif de suivi et d'évaluation des inégalités.

L'intérêt de cette démarche pédagogique proposée semble évident. Allant de la théorie à la pratique et de la pratique à une synthèse pour l'action, elle facilite la compréhension et éclaire les décideurs dans la remédiation aux différentes formes d'inégalités sociales.

Dans la forme, *Inégalités et Développement Humain : Le Mali à la croisée des chemins* est un ouvrage de grande clarté reposant sur une structure bien équilibrée. Dans le fond, le sujet est traité avec un recours judicieux aux sciences et techniques de mesures quantitatives que sont les statistiques issues de différentes enquêtes scientifiques, permettant d'illustrer les idées et les faits à l'aide de graphiques pertinents et de tableaux évocateurs.

Dr MAÏGA et Dr TRAORE concluent leur réflexion en invitant les autorités à trouver les synergies nécessaires pour favoriser une inclusion sociale à travers la gestion des conséquences de la crise multidimensionnelle de 2012 et pallier les défaillances stratégiques en termes de qualité des services publics et l'absence d'un dispositif de suivi et d'évaluation permanente des inégalités.

Je suis convaincu que cet ouvrage sera utile aux étudiants, aux enseignants, aux chercheurs et aux décideurs, auxquels il offre une source d'informations solides sur les plans théorique et bibliographique, ainsi que d'intéressantes propositions en faveur du développement durable et de la réduction des inégalités.

Je souhaite un meilleur accueil à cette contribution de qualité sur une actualité brulante, tout en offrant des bases de réflexions prospectives pertinentes pour un Mali meilleur, car plus juste et équitable.

S.E. Ahmed Mohamed Ag HAMANI
Ancien Premier ministre du Mali

REMERCIEMENTS

Nous voudrions tout d'abord rendre Grâce à Dieu, le Clément et le Très Miséricordieux, qui nous a permis de réaliser cette œuvre en très bonne santé.

GRAND MERCI à nos adorables parents, épouses et enfants pour leur soutien sans faille et l'amour inconditionnel nous ayant empêché bien des fois de baisser les bras. Puisse le Tout-Puissant leur accorder longévité et bonne santé !

La réalisation de cet ouvrage a été une formidable aventure au cours de laquelle plusieurs personnes nous ont apporté leur soutien. Sans leur aide, la tâche aurait été bien plus pénible. C'est alors tout naturellement que nous souhaitons les remercier.

Nous témoignons notre sincère gratitude au Pr Issa SACKO, enseignant-chercheur à la Faculté des Sciences économiques et de Gestion (FSEG) de l'Université des Sciences sociales et de Gestion de Bamako (USSGB), pour l'honneur qu'il nous a fait en acceptant d'introduire le présent ouvrage par un excellent Avant-propos. Par ses qualités humaines et professionnelles, il incarne pour nous ainsi que pour la jeune génération de chercheurs maliens une source de motivation et d'engagement pour le rayonnement de la science.

Ce travail a été en grande partie réalisé au sein du Centre universitaire de Recherches économiques et sociales (CURES) de la Faculté des Sciences économiques et de Gestion (FSEG) de l'USSGB. C'est l'occasion pour nous d'adresser nos sincères remerciements à l'ensemble du corps professoral pour leurs disponibilité et encouragements constants.

La réalisation du présent ouvrage a été également facilitée par la présence à nos côtés d'éminentes personnalités, tant du monde universitaire que professionnel, qui ont accepté de nous lire et de nous prodiguer de précieux conseils. Ici, nous pensons, entre autres, à :

- M. Souleymane Alain BERTHÉ, ancien Directeur régional du Budget et ancien Directeur de cabinet Adjoint du Premier ministre ;

- MM. les Directeurs généraux du Budget : Abdoulaye TOURÉ, Robert DIARRA, Sambou WAGUÉ, Sidiki TRAORÉ, Hamidou TRAORÉ et Ahmadou Tijani HAÏDARA ;

- Pr Soboua THERA, Professeur titulaire en Sciences économiques, Vice-Recteur de l'Université des Sciences sociales et de Gestion de Bamako (USSGB) ;

- Dr Aboubacar Abdoulwahidou MAÏGA, Maître de Conférences en Littérature comparée et Directeur général de l'École supérieure de Journalisme et des Sciences de la Communication (ESJSC) ;

- Dr Cheick Kader M'BAYE, Maître de Conférences en Macroéconomie, Faculté des Sciences économiques et de Gestion (FSEG) de l'Université des Sciences sociales et de Gestion de Bamako (USSGB)et Coordinateur de l'Unité P&D, UNFPA Mali ;

- Dr Boureima BAMADIO, Maître de Conférences en Informatique, Faculté des Sciences économiques et de Gestion (FSEG) de l'Université des Sciences sociales et de Gestion de Bamako (USSGB) ;

- M. Sékou DIANI, Inspecteur des Finances, ancien Conseiller à la Cour des comptes de l'Union économique et monétaire ouest-africaine (UEMOA), ancien Directeur national du Contrôle financier et ancien Directeur général des Marchés publics et des Délégations de Service public ;

- M. Ousmane TRAORE, Inspecteur des Douanes, Vice-Président de l'Autorité Indépendante de Gestion des Elections (AIGE) ;

- M. Birama TANGARA, Planificateur et Conseiller technique au Ministère de l'Urbanisme, de l'Habitat, des Domaines, de l'Aménagement du Territoire et de la Population ;

- M. Sékou Amadou N'DOURE, Économiste, cadre de la Banque centrale des Etats de l'Afrique de l'Ouest (BCEAO) et actuellement Chargé de Mission au Ministère de l'Économie et des Finances ;

- M. Amadou Bocar TOURE, Magistrat, Procureur du Pôle judiciaire spécialisé en matière de lutte contre le Terrorisme et la Criminalité transnationale organisée ;

- M. Aldjouma MAÏGA, Docteur en Sciences économiques, ancien Contrôleur des services publics et Inspecteur à l'Inspection des Services diplomatiques, actuel Premier Conseiller de l'Ambassade du Mali auprès de la Fédération de Russie ;

- Madame DIARRA Maïmouna Matel N'DIAYE, Promotrice et Directrice générale du Complexe scolaire « KIRIKOU ».

Leur apport a été très décisif dans le perfectionnement de cet ouvrage. Grâce à eux, nous avons pu étoffer notre réflexion tout au long du processus de rédaction du présent ouvrage.

Nous exprimons aussi notre sincère reconnaissance à son Excellence Monsieur **Ahmed Mohamed Ag HAMANI,** ancien Premier ministre du Mali, qui, malgré ses multiples occupations, a bien voulu nous faire l'honneur en nous gratifiant d'une élogieuse préface. Nous en éprouvons une sincère fierté en raison de la qualité de serviteur émérite de l'État de son auteur, mais aussi du fait qu'elle émane d'un digne fils qui continue d'œuvrer pour la cohésion sociale de tous les Maliens.

Sans pouvoir tous les citer, nous voudrions remercier, pour leurs encouragements constants, nos amis de TOUJOURS : Esaïe DEMBELE, Toumani CAMARA, Moctar Ag Abdoulaye, Moussa Sidia MACALOU, Siré Abdoul DIALLO, Sominé DOLO, Madany BAH, Moussa SIDIBE, Yaya KONE, Youssouf KEÏTA, Anna DOLO, Abdallah Ould Mohamed, Ibrahim CISSE.

Enfin, nous remercions toutes les personnes qui nous ont, de près ou de loin, permis de mener à bien ce projet.

Les auteurs

SIGLES ET ABRÉVIATIONS

AES	Alliance des États du Sahel
ANJE	Alimentation du nourrisson et du jeune enfant
ATPC	Assainissement Total piloté par les Communautés
CAD	Comité d'Aide au Developpement
CEDEAO	Communauté économique des États de l'Afrique de l'Ouest
CERCAP	Centre d'Etudes et de Renforcement des Capacités d'Analyse et de Plaidoyer
CP	Comité pédagogique
CPS	Cellule de Planification et de Statistique
CREDD	Cadre stratégique pour la Relance économique et le Développement durable
CROCSAD	Comités Régionaux d'Orientation, de Coordination et de Suivi des Actions de Développement
CSCom	Centre de Santé communautaire
CSRef	Centre de Santé de Référence
CSCRP	Cadre stratégique pour la Croissance et la Réduction de la Pauvreté
CSLP	Cadre stratégique de Lutte contre la Pauvreté
CT CSLP	Cellule technique du Cadre stratégique de Lutte contre la Pauvreté
DCAP	Directeur de Centre d'Animation pédagogique
DGB	Direction générale du Budget
DCPND	Document Cadre de Politique nationale de Décentralisation
DNACPN	Direction nationale de l'Assainissement et du Contrôle des Pollutions et des Nuisances
DCM	Direction de la Coopération multilatérale

DFI	Développement et Finance internationale
DNH	Direction nationale de l'Hydraulique
DNP	Direction nationale de la Population
DNPEF	Direction nationale de la Promotion de l'Enfant et de la Famille
DTM	Matrice de Suivi des Déplacés (Displacement Tracking Matrix – DTM, en anglais)
EAC	Enquête agricole de Conjoncture
EDM	Energie du Mali
EDS	Enquête démographique et de Santé
EDSM	Enquête démographique et de Santé du Mali
ELIM	Enquête légère intégrée auprès des Ménages
EMEP	Enquête malienne pour l'Evaluation de la Pauvreté
EMOP	Enquête modulaire et permanente auprès des Ménages
ENEM	Enquête nationale sur l'Emploi auprès des Ménages
ENP	Etude nationale prospective
EnR	Energies renouvelables
ENSAN	Enquête nationale sur la Sécurité alimentaire et nutritionnelle
EPH	Etablissement public Hospitalier
ERI	Engagement à la Réduction des Inégalités
FAFE	Fonds d'Appui à l'Autonomisation de la Femme et à l'Epanouissement de l'Enfant
FAO	Organisation des Nations unies pour l'Alimentation et l'Agriculture
FCFA	Franc de la Communauté financière africaine
FMI	Fonds monétaire international
GHI	Indice global de famine
GPC-ODD	Grille de Priorisation des Cibles des ODD

GSAN	Groupe de Soutien aux Activités de Nutrition
G77	Groupe des 77 aux Nations unies est une coalition, conçue pour promouvoir les intérêts économiques et politiques collectifs de ses membres et créer une capacité de négociation accrue aux Nations unies.
Hbt	Habitant
ICAO	Organisation de l'Aviation civile internationale
IDA	Association internationale de Développement
IDE	Investissements directs étrangers
IDG	Indice de Développement de Genre
IDH	Indice de Développement humain
IDHI	Indice de Développement humain ajusté aux Inégalités
IFM	Institut de Formation des Maîtres
IGM	Institut géographique du Mali
IIG	Indice d'Inégalités de Genre
IMC	Indice de Masse corporelle
INPS	Institut national de Prévoyance sociale
INSTAT	Institut national de la Statistique
IP	Insuffisance pondérale
IPC	Indice de Pauvreté communale
IPM	Indice de Pauvreté multidimensionnelle
IOA	Indice d'Orientation agricole
MAPS	Mainstreaming, Acceleration and Policy Support
MAECI	Ministère des Affaires étrangères et de la Coopération internationale
MAG	Malnutrition aiguë Globale
MAM	Malnutrition aiguë Modérée
MAS	Malnutrition aiguë Sévère
MATD	Ministère de l'Administration territoriale et de la Décentralisation

MEADD	Ministère de l'Environnement, de l'Assainissement et du Développement Durable
MEF	Ministère de l'Economie et des Finances
MENA	MENA, MOAN ou ANMO sont des acronymes utilisés pour désigner une région du monde comportant l'Afrique du Nord et le Moyen-Orient.
MGF/E	Mutilations génitales féminines/Excisions
MICS	Enquête par grappes à indicateurs multiples
MODA	Multiple Over lapping Deprivation Analysis
OCDE	Organisation pour la Coopération et le Développement economique
OCHA	Bureau des Nations unies pour la Coordination des Affaires humanitaires
ODD	Objectif de Développement durable
ODHD/LCP	Observatoire du Développement humain durable et de la Lutte Contre la Pauvreté
OHVN	Office de la Haute Vallée du Niger
OMD	Objectif du millénaire pour le Développement
OMS	Organisation mondiale de la Santé
ONAPUMA	Office national des Pupilles en République du Mali
ONEF	Observatoire national de l'Emploi et de la Formation
ONG	Organisation Non gouvernementale
ONU	Organisation des Nations unies
OPHI	Oxford Poverty and Human Development Initiative
PAPERM	Projet d'Appui à la Promotion des Energies renouvelables au Mali
PC-NTD	Preventive Chemotherapy Neglected Tropical Diseases

PDDSS	Plan décennal de Développement sanitaire et social
PDSEC	Plan de Développement social, economique et culturel
PEN	Politique energétique nationale
PF	Planification familiale
PFCMEF	Politique de Formation continue des Maîtres de l'Enseignement fondamental
PFIMEF	Politique de Formation initiale des Maîtres de l'Enseignement fondamental
PIB	Produit intérieur brut
PISE	Programme d'Investissements pour le Secteur de l'Education
PMA	Paquet Minimum d'Activités
PNCD	Politique nationale de Coopération au Développement
PNDEN	Politique nationale de Développement de l'Economie numérique
PNDPENF	Politique nationale de Développement de la Petite Enfance
PNP	Politique nationale de Population
PNE	Politique nationale de l'Eau
PNPE	Politique nationale de Protection de l'Environnement
PNUD	Programme des Nations unies pour le Développement
PPA	Parité du Pouvoir d'Achat
PRODEC	Programme décennal de Développement de l'Education
PSPSR	Plan de Sécurisation des Produits de Santé de la Reproduction
RAMED	Régime d'Assistance médicale
RAMU	Régime d'Assurance Maladie universelle
RASAMT	Rapport d'Analyse situationnelle annuelle sur le Marché du Travail
RC	Retard de Croissance

REE	Rapport sur l'Etat de l'Environnement
RGPH	Recensement général de la Population et de l'Habitat
RIA	Evaluation intégrée rapide
SAP	Système d'Alerte précoce
SATFPSI	Secteur Administration Territoriale, Fonction Publique et Sécurité Intérieure
SDR	Secteur Développement rural
SESRIC	Statistical, Economic and Social Research and Training Centre for Islamic Countries
SFD	Systèmes financiers décentralisés
SICAEPIP	Secteur Industrie, Commerce, Artisanat, Emploi et Promotion de l'Investissement privé
SIH	Système d'Information hospitalier
SISE	Système d'Informations statistiques environnementales
SLIS	Système local d'Information sanitaire
SMART	Enquête nationale nutritionnelle anthropométrique et de Mortalité rétrospective Mali (SMART)
SMART	Standardized Monitoring and Assessment of Relief and Transitions
SNDD	Stratégie nationale de Développement durable
SNGDS	Stratégie nationale de Gestion des Déchets solides
SSN	Système statistique national
SNISS	Système national d'Information sanitaire et social
TDR	Termes de Référence
UA	Union africaine
UEMOA	Union economique et monétaire ouest africaine
UNFPA	Fonds des Nations unies pour la Population

UNHCR	Haut-Commissariat des Nations unies pour les Réfugiés
UNICEF	Fonds des Nations unies pour l'Enfance
VIH	Virus de l'Immunodéficience humaine
VIH/SIDA	Virus de l'Immunodéficience humaine /Syndrome de l'Immunodéficience Acquis
WID	World Wealth and Income Database

SOMMAIRE

LISTE DES FIGURES

LISTE DES ENCADRES

LISTE DES SCHEMAS

RÉSUMÉ

Dans ce monde du XXIème siècle, les inégalités constituent des préoccupations nationales et internationales. Une de leurs conséquences est la remise en cause de la cohésion sociale. Les inégalités risquent de compromettre l'avenir des générations futures. Sur les plans théoriques et conceptuels, les politiques de réduction ou de lutte contre les inégalités sociales se fondent sur les principes d'équité et de justice sociales, lesquels sont au cœur des politiques sociales du Mali depuis l'avènement de la lutte contre la pauvreté. En effet, les différents documents de stratégies de réduction de la pauvreté et de développement durable ont intégré la réduction des inégalités dans les conditions nécessaires à la réduction de la pauvreté. Les résultats en termes d'accès dans les domaines de la santé et de la nutrition, de l'éducation, de l'eau potable et l'assainissement, voire de l'énergie, mettent en exergue des inégalités spatiales entre les régions. Les inégalités de développement humain sont en progression depuis 2010. Le Mali étant un pays en chantier, les inégalités de développement méritent une attention particulière. Pour cela, il est important de : (i) veiller constamment à la mise en œuvre des Politiques publiques sociales favorisant des services publics de qualité et ciblant davantage les plus pauvres, (ii) mettre en place des institutions de meilleure qualité, (iii) assurer le respect des principes d'une inclusion sociale, (iv) atténuer les inégalités spatiales, (v) promouvoir le développement humain en faveur d'une croissance plus inclusive, (vi) faire de la réduction des inégalités une priorité de l'agenda sociétal impliquant tous les acteurs.

Mots clés : Inégalités – Inégalités sociales – Pauvreté – Développement humain – Développement durable – Objectifs du développement durable – Politiques publiques – Dépenses publiques.

ABSTRACT

In this 21st century world, inequalities are national and international concerns. One of the consequences is the calling into question of social cohesion. Inequalities risk compromising the future of future generations. Theoretically and conceptually, policies to reduce or combat social inequalities are based on the principles of social equity and justice. The latter have been at the heart of Mali's social policies since the advent of the fight against poverty. Indeed, the various poverty reduction and sustainable development strategy documents have integrated inequalities as necessary conditions for poverty reduction. The results in terms of access in the areas of health and nutrition, education, drinking water and sanitation, and even energy, highlight spatial inequalities between regions. Inequalities in human development have been increasing since 2010. As Mali is a country under construction, inequalities in development deserve particular attention. To do this, it is important to: (i) constantly monitor the implementation of social public policies promoting quality public services and targeting more of the poorest, (ii) put in place better quality institutions, (iii) ensure respect for the principles of social inclusion, (iv) reduce spatial inequalities, (v) promote human development in favor of more inclusive growth, (vi) make the reduction of inequalities a priority on the agenda societal involving all stakeholders.

Keys works :

Inequalities - Social inequalities - Poverty - Human development - Sustainable development - Sustainable development objectives - Public policies - Public spending.

INTRODUCTION

Les crises structurelles constituent une des principales marques du début du 21ème siècle. Au cœur de ces crises se trouve la question des inégalités qui occupe une place importante dans les débats et les préoccupations des acteurs au développement. Il existe plusieurs théories expliquant l'origine des inégalités, soit pour les dénoncer, soit pour les justifier.

Aujourd'hui, les inégalités sont abordées comme étant moins issues de la substance que des procédures. « Autrement dit, si vous êtes pauvre et peu intelligent ce n'est pas parce que vous êtes la réincarnation d'un voleur, comme le dirait le système des castes, mais parce que les règles du jeu social vous ont assigné cette place, à tort ou à raison », souligne Fabrice Flipo (2009 : 59), avant d'ajouter que la perspective d'une émancipation implique à la fois une égale répartition des biens.

De nombreuses personnes continuent de se débattre dans la pauvreté extrême dans ce monde du 21ème siècle. À l'inverse, les richesses se concentrent de plus en plus entre les mains d'une minorité, qui en profite pour accaparer le pouvoir de façonner l'avenir. Le creusement de ces inégalités nuit aux économies et fait basculer davantage de personnes encore dans la pauvreté[5].

Le développement est « durable » s'il est conçu de manière à en assurer la pérennité du bénéfice pour les générations futures. **Cette approche comporte 3 dimensions : environnementale, sociale et économique.**

---

[5] « Inégalités extrêmes et services essentiels ». Url : https://www.oxfam.org/fr/domaines/inegalites-et-acces-aux-services-essentiels, consulté le 13 juin 2024.

La dimension environnementale : préserver, améliorer et valoriser l'environnement et les ressources naturelles sur le long terme, en maintenant les grands équilibres écologiques, en réduisant les risques et en prévenant les impacts environnementaux.

La dimension sociale : satisfaire les besoins humains et répondre à un objectif d'équité sociale, en favorisant la participation de tous les groupes sociaux sur les questions de santé, logement, consommation, éducation, emploi, culture, etc..

La dimension économique : développer la croissance et l'efficacité économique, à travers des modes de consommation et production durables.

Le Diagramme de Venn ci-après résume bien les différents courants entrecroisés de la notion de développement durable.

Figure 1 : Diagramme de Venn entre les différentes dimensions des ODD

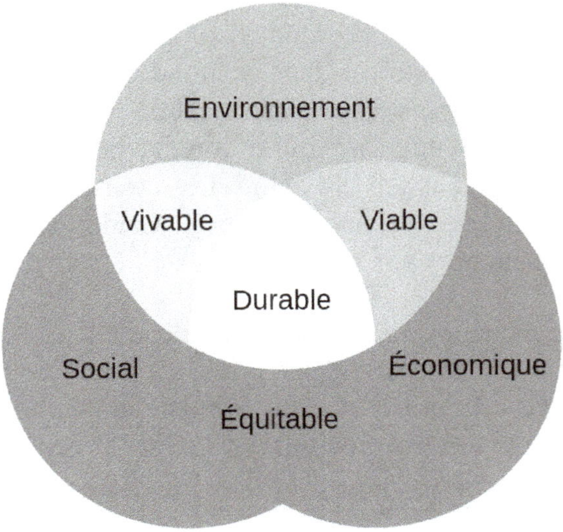

Source : John Venn M.A. (1880).

a. Problématique : les inégalités comme une des marques principales du 21ème siècle

Les inégalités économiques, à travers la répartition inégale des revenus et des richesses, connaissent une hausse vertigineuse. Les recherches menées par Oxfam en 2014 montrent que les 85 personnes les plus riches du monde détiennent autant de richesses que la moitié de la population mondiale pauvre. Cette situation contribue à mettre des vies humaines en jeu. En effet, plus d'un million et demi de personnes meurent chaque année, rien que dans les pays riches, à cause des fortes inégalités de revenus. Une étude, récemment effectuée dans 93 pays, a estimé qu'en réduisant d'à peine 1 % la part des revenus des 20 % les plus riches, on pourrait sauver la vie de 90 000 nourrissons chaque année. Les estimations indiquent, par ailleurs, que si l'on échoue à réduire les inégalités, ce sont des centaines de milliards de dollars qui viendront alourdir le coût des efforts visant à mettre fin à la pauvreté, ce qui compromettra la réalisation des futurs objectifs relatifs à la lutte contre la pauvreté post-2015 que sont les ODD (Oxfam, 2014).

Des services de santé et d'éducation publics et gratuits constituent une arme puissante pour combattre les inégalités économiques. En février 2014, soutenant un nouveau rapport du Fonds monétaire international (FMI), sa Directrice, Christine Lagarde, a souligné le fait « qu'une taxation plus progressive » et « l'amélioration de l'accès à la santé et à l'éducation » ont un rôle clé à jouer dans la lutte contre les inégalités. Des millions de femmes et d'hommes se voient nier leur droit à des services de santé et d'éducation. En 2010, plus de 280 000 femmes sont mortes en accouchant, c'est l'équivalent de 800 décès maternels par jour dans certains des pays les plus pauvres du monde comme la Bolivie, le Burkina Faso, Haïti et le

Mali. Cet indicateur est d'à peine 5 décès maternels par jour pour les pays à revenu élevé. Le taux de mortalité infantile chute beaucoup plus rapidement parmi les 20 % des plus riches de la population que parmi les 20 % des plus pauvres, ce qui souligne à quel point les progrès peuvent être inégalement répartis (Watkins K., 2013).

L'analyse des inégalités renvoie aussi aux questions de justice sociale, à travers la prise en compte par les politiques publiques sociales de l'équité/égalité de droit. Selon Flipo (2009), Amartya Sen a montré que toutes les théories de la justice reposent sur une forme ou une autre d'égalité considérée comme étant à atteindre. Ces inégalités reposent finalement sur deux types de diversité : la diversité entre les êtres humains et leur situation, et la diversité des variables grâce auxquelles l'inégalité peut être jugée. Aucune théorie de la justice n'a jamais voulu imposer une égalité parfaite entre les êtres humains, toutes ont tenu compte d'inégalités légitimes. Ces inégalités sont l'expression de la diversité et du respect des individualités. La manière selon laquelle une société examine les inégalités est dépendante de ce qu'elle juge être légitime. Car établir une inégalité, c'est établir une discrimination.

Les inégalités apparaissent donc comme socialement intolérables à partir d'un certain seuil. Elles affaiblissent le sentiment d'appartenance collective et deviennent une menace pour la cohésion de la société elle-même. C'est en ce sens que peuvent être compris et analysés les liens entre la situation économique et l'intégration sociale, celle-ci n'entretenant pas de liens mécaniques et univoques avec la situation économique des personnes ou des Nations. Des inégalités qui perdurent et/ou se cumulent peuvent engendrer des comportements défavorables à l'intégration, tels que la résignation et le renoncement à toute participation sociale, ou la révolte ; l'hypothèse étant qu'une société inégalitaire mais très mobile a une probabilité plus forte d'être intégrée qu'une société aussi inégalitaire mais où les clivages sociaux séparent des populations durablement hétérogènes (Fougère D. et Sidhoum N., 2006).

Oxfam (2017) recommande de construire une économie centrée sur l'humain qui profite à tous et non à quelques privilégiés. D'après les dernières estimations, seuls huit hommes détiennent autant de richesses que la moitié la plus pauvre de la population mondiale. La croissance profite aux plus riches, au détriment du reste de la société, notamment des plus pauvres. Le modèle économique dans lequel nous évoluons et les principes qui y sont associés nous ont menés à cette situation injuste, extrême et non durable. Notre système économique doit cesser de profiter abusivement à une élite pour se mettre au service du plus grand nombre. Une économie centrée sur l'humain exige des États responsables et visionnaires, des entreprises qui travaillent dans l'intérêt des travailleurs et des producteurs, un environnement respecté, la promotion des droits des femmes et une fiscalité robuste et équitable (Oxfam, 2017).

Pour un sociologue, les seules inégalités qui comptent vraiment sont celles que les individus perçoivent comme injustes parce qu'elles appellent de l'action, des mouvements sociaux, des politiques publiques, des souffrances (Dubet F., 2011).

Que ce soit en menant campagne pour mettre fin au secret financier qui laisse des milliers de milliards de dollars s'évaporer dans les paradis fiscaux, ou en encourageant les investissements dans l'accès universel à la santé et à l'éducation, le principal défi est de pouvoir s'assurer que les populations défavorisées reçoivent leur part des ressources publiques qui permettront de réduire la pauvreté et les inégalités.

Les services sociaux, tels que la santé, l'éducation, les soins, l'eau et l'assainissement, peuvent améliorer les conditions d'existence des individus en augmentant la productivité et contribuer à une élévation générale de la qualité de vie. Ces services permettent aux familles de prendre soins de leurs membres, de subvenir à leurs besoins et de réduire à la fois les coûts et le temps consacré au travail et à d'autres activités quotidiennes. Ils augmentent les chances pour les individus et leurs familles de sortir de la pauvreté et de mener une vie digne et productive. La quantité, la qualité et les types de services dont jouissent les individus déterminent en grande partie leur bien-être : en fait, la pauvreté peut être perçue comme l'impossibilité d'acquérir certaines capacités de base, faute en partie de services sociaux (Sen A., 1999).

L'éducation et les soins de santé contribuent à promouvoir en particulier la croissance et à atténuer la pauvreté et les inégalités. Dans la littérature, de nombreux travaux ont mis en évidence le rôle du manque d'accès aux ressources dans les processus d'exclusion sociale. Diverses recherches menées en Grande Bretagne (Church et al., 2000 ; Gaffron et al., 2001 ; Hine et Mitchell, 2001, 2003 ; Lucas, 2003, 2004 ; SEU, 2003 ; Wixey et al., 2005), aux Etats-Unis (Clifton, 2004), en Australie (Currie et al., 2007 ; Delbosc et Currie, 2011) et en France (Begag, 1993 ; Guedez, 1995 ; Harzo, 1998 ; Le Breton, 2005) ont montré que certains individus et certains groupes, en particulier ceux qui vivent dans les quartiers les plus pauvres, ont un accès bien moindre aux équipements, aux services, aux commerces, à l'emploi.

Ce manque d'accès aux ressources urbaines renforce non seulement les inégalités sociales, mais a également des répercussions sur les processus d'exclusion de ces individus et de ces groupes. En particulier, ces travaux ont montré que les difficultés d'accès à l'emploi ou aux services de première nécessité accentuent les problèmes d'intégration sociale des individus concernés (Fol S., Gallez C., 2017).

La pauvreté et les inégalités doivent donc être considérées comme deux facettes du même problème. La pauvreté est étroitement liée à diverses dimensions des inégalités, notamment au revenu, au genre, à l'ethnie et à la situation géographique. Et les inégalités se manifestent dans plusieurs dimensions telles que l'emploi, les salaires et l'accès aux services sociaux. Ces inégalités, souvent cumulées, entravent le développement pour diverses raisons.

Les inégalités rendent plus difficile l'entrée des pauvres et des défavorisés dans le processus de croissance. Elles affaiblissent leur capacité de production et leur contribution potentielle au développement, car elles sont flagrantes dans la prestation des services publics, comme l'éducation et la santé. Par exemple, les femmes de familles nanties au Mali sont 15 fois plus susceptibles d'avoir suivi un enseignement secondaire que celles issues de familles pauvres (Oxfam, 2019).

Dans les sociétés marquées par de fortes inégalités comme les nôtres, les pauvres risquent davantage d'être enfermés dans une économie de subsistance. Cela peut limiter le potentiel du marché intérieur et retarder ainsi l'accession à une croissance soutenue. De fortes inégalités cumulées peuvent ainsi entraver la réalisation des droits civils, politiques et sociaux. Elles risquent d'avoir pour effet, d'élever le taux de criminalité et de plonger la société dans le conflit. Elles peuvent créer des institutions qui maintiennent les privilèges politiques, économiques et sociaux de l'élite et enferment les pauvres dans un dénuement dont ils auront beaucoup de peine à s'extraire

(Institut de Recherche des Nations Unies pour le Développement Social, 2011).

L'évolution des inégalités à l'échelle internationale montre que celles-ci ont une tendance structurelle, dont l'ampleur s'est accentuée depuis le début des années 1980, et qui concernent l'ensemble des pays, quoiqu'à des rythmes différenciés. Les Etats-Unis et les pays émergents d'Asie (Chine et Inde notamment) sont particulièrement touchés par ce phénomène. En revanche, la situation est relativement moins prononcée en Europe du fait de l'existence de régimes de protection sociale assez soutenus. Au sein des pays en développement, les pays de l'Afrique subsaharienne affichent les niveaux d'inégalités les plus élevés à l'échelle mondiale.

L'exploration des instruments de politiques publiques en vue de promouvoir une économie inclusive permettra de faire ressortir plusieurs leviers pertinents, dont la finalité porte soit sur des actions visant à agir sur les inégalités à leur genèse, soit sur des mécanismes de redistribution pour corriger les insuffisances du système de partage de la richesse nationale. À ce titre, la lutte contre les inégalités s'inscrit dans une démarche de recherche de plus de justice sociale demandant l'instauration de principes d'équité adéquats. Le débat sur l'équité a pris sa source avec les écrits de Rawls sur la justice (2001, 1993, 1971) et s'est poursuivi à l'occasion des réflexions de Sen (2009). Il a conduit à la production des deux rapports mondiaux du PNUD (2005) et de la Banque mondiale (2006) qui abordaient la question de la lutte contre les inégalités et qui préconisaient de nouvelles orientations soulevant la question de l'équité (Bebbington et *al.*, 2008) ; (Ballet J., Dubois J.-L. et Mahieu F.-R., 2011).

L'Afrique de l'Ouest est considérée comme la région la plus inégalitaire. Plus récemment, Développement Finance International (DFI) et Oxfam (juillet 2019) ont confirmé cette situation à travers un rapport d'information. Selon ledit rapport, en Afrique de l'Ouest, les inégalités ont atteint un niveau de crise. Alors qu'un nombre faible mais croissant d'individus s'enrichit de manière inouïe, l'immense majorité de la population se voit privée des éléments les plus essentiels à une vie digne, tels qu'une éducation de qualité, des soins de santé et un emploi décent, et cela en dépit d'un essor économique remarquable sous l'impulsion des industries extractives. L'indice d'Oxfam de l'engagement à la réduction des inégalités (ERI) montre que les gouvernements de l'Afrique de l'Ouest – dont le Mali – sont les moins engagés de tout le continent en matière de réduction des inégalités. S'ils ne font rien pour renforcer radicalement leur engagement à réduire les inégalités, la crise risque de s'aggraver. Ces gouvernements doivent promouvoir une fiscalité progressive, augmenter les dépenses sociales, renforcer la protection du marché du travail, investir dans l'agriculture et défendre le droit à la terre des agricultrices et agriculteurs familiaux. La Communauté économique des États de l'Afrique de l'Ouest (CEDEAO) et l'Alliance des États du Sahel (AES) doivent se donner comme priorité la lutte contre les inégalités et élaborer un plan d'actions régional visant à améliorer considérablement la performance de la région en la matière (Oxfam, 2019). Ce rapport d'information examine en détail le degré d'engagement des pays d'Afrique de l'Ouest à réduire les inégalités. Pour cela, il commence par un état des lieux de la crise des inégalités qui caractérise une grande partie de la région et explique l'impact de ces inégalités, non seulement sur les personnes pauvres, mais aussi sur la société dans son ensemble.

Conçu par Développement Finance International (DFI) et Oxfam, l'indice de l'engagement à la réduction des inégalités (ERI) a permis d'analyser les données de 157 pays du monde entier et les a classées en trois (03) grands domaines d'actions reconnus comme étant essentiels dans la lutte contre les inégalités. Il s'agit des domaines d'actions suivants :

i) consacrer des dépenses progressives à des secteurs comme l'éducation, la santé et la protection sociale,

ii) imposer les plus riches davantage que les plus pauvres,

iii) payer aux travailleurs un salaire minimum vital.

Dans le cadre de cet examen, les données de l'indice ERI ont été utilisées pour évaluer les résultats des 15 pays qui étaient alors membres de la Communauté économique des États de l'Afrique de l'ouest (CEDEAO), ainsi que ceux de la Mauritanie. L'action des pouvoirs publics dans ces domaines a été notée pour donner à chaque pays un score combiné et un classement à l'indice ERI. Une comparaison a été effectuée avec les 15 autres pays de la région et d'autres pays africains. L'examen passe également en revue les politiques relatives aux investissements fonciers et agricoles en Afrique de l'Ouest. Dans ce classement, le Mali, avec un indice ERI de 0.23, occupe le 10ème rang au niveau de la région Afrique de l'Ouest et le 30ème rang au niveau africain (DFI, Oxfam, 2019).

b. Réduire la pauvreté et les inégalités : une priorité nationale, mais, …

La réduction de la pauvreté est la principale orientation des politiques publiques du Mali depuis la fin des années 1990. L'élaboration de différents documents de stratégie de réduction de la pauvreté et du développement durable (CSLP 1 2002-2006, le CSCRP 2007-2011, le CSCRP II : 2012-2017, le CREDD 2016-2018 et le CREDD II : 2019-2023) indique la volonté politique pour relever le pari de la croissance inclusive en vue de réduire les inégalités et la pauvreté. Toutefois, la crise débutée en 2012 a renforcé les défis pour le pays d'œuvrer dans la voie d'une croissance plus inclusive à travers une réduction durable des inégalités.

c. Objectif recherché par le présent ouvrage et démarche méthodologique

Le présent travail fait l'état des lieux des principales formes d'inégalités d'accès aux services sociaux de base et de développement humain. La réduction des inégalités sociales favorise l'inclusion sociale, qui est un facteur important de la croissance inclusive. En effet, les filets de sécurité et la protection sociale ainsi que l'offre de biens publics et sociaux sont des composantes importantes du programme de croissance inclusive. Ali et Son (2007) évoquent l'offre d'opportunités sociales (par exemple, l'accès à la santé et à l'éducation) et la manière dont celles-ci varient en fonction du niveau de revenus. De même, pour la Commission Croissance et Développement de la Banque mondiale, l'inclusion est un concept qui englobe « l'équité, l'égalité des chances et la protection sur le marché et l'emploi » (BAD, 2016 : 4).

La démarche méthodologique utilisée dans le présent ouvrage combine à la fois une approche conceptuelle et théorique, mais aussi empirique, pour expliquer les différentes formes d'inégalités sociales. En effet, les inégalités sont le plus souvent appréhendées en termes de disparités de revenus ; il n'en demeure pas moins que d'autres dimensions sont tout aussi critiques ; en particulier, celles liées aux capacités d'accès aux services socio-économiques de base ou encore celles ayant trait aux opportunités et à l'égalité des chances qui constituent, à bien des égards, des entraves structurelles à la mobilité et à la cohésion sociales.

Le caractère multidimensionnel des inégalités sociales a donné lieu à une panoplie d'outils et d'instruments mis en place pour cerner leur ampleur et capter leur complexité. Les méthodes, les plus en vogue, englobent le coefficient de GINI, le rapport interdécile, l'indice d'Atkinson, l'indice de Theil et l'indice de Palma. En dépit de leur diversité, les méthodes utilisées sont exclusivement centrées sur les inégalités d'ordre monétaire et celles de résultats. Elles ne permettent pas de renseigner suffisamment sur les autres types d'inégalités, dont notamment les inégalités de chance (Dlia A. et Ihnach H., 2018 : 5).

d. Parties développées dans le présent ouvrage

L'ouvrage est structuré en quatre grandes parties.

La première partie porte sur les théories relatives aux inégalités sociales et les Objectifs de Développement Durable (ODD), tout en mettant un focus sur les ODD ainsi que leur cohérence avec les priorités publiques. L'agenda 2030 des ODD, faut-il le rappeler, privilégie le principe des droits fondamentaux de l'Homme et met l'accent sur la réduction des inégalités à l'intérieur et à l'extérieur des pays (ODD, 10). Cette partie rappelle non seulement la définition des formes d'inégalités sociales en référence à la littérature théorique et conceptuelle, mais passe également en revue les fondements théoriques de la notion d'inégalités sociales. En effet, les auteurs rappellent la définition des formes d'inégalités sociales en référence à la littérature théorique et conceptuelle. Il y est question de l'importance des inégalités dans les sociétés démocratiques, de la promotion de l'égalité dans la hiérarchie sociale, de la notion d'inclusion sociale et des théories relatives à la justice sociale, avec un accent particulier sur les théories rawlsiennes de la justice sociale.

La deuxième partie traite des principales orientations en termes de politiques de développement social et de réduction des inégalités sociales au Mali. Elle met précisément l'accent sur la politique éducative, la politique sanitaire et nutritionnelle, la politique énergétique, la politique d'urbanisation et d'habitat ainsi que sur la politique de protection sociale.

La troisième partie analyse les faits stylisés relatifs aux inégalités sociales au Mali. Il s'agit singulièrement de l'évolution des principales formes d'inégalités/disparités d'accès aux services sociaux de base (inégalités de conditions de vie) et des principales contraintes relatives à la réduction des inégalités. L'accent est surtout mis sur les privations multidimensionnelles et les disparités d'accès aux services sociaux de base.

Dans la quatrième et dernière partie, il est question d'une revue des principales contraintes qui peuvent influencer négativement la réduction des inégalités d'accès aux services sociaux de base, mais aussi des implications de politiques de réduction des inégalités sociales et du développement humain. Il s'agit principalement des conséquences négatives de la crise de 2012 sur les services sociaux (déscolarisation des enfants par exemple), des différentes formes de vulnérabilité, des défaillances stratégiques (choix des politiques sociales en termes d'efficacité ou de résultats d'impact) et de l'absence d'un dispositif de suivi et d'évaluation des inégalités. Il est important de préciser, à ce titre, que les inégalités, tout comme la pauvreté, sont multidimensionnelles. Elles sont structurelles, sociales, politiques, juridiques, économiques, voire ethniques. Sans un dispositif de suivi, il est difficile de comprendre les formes d'inégalités sociales et de favoriser leur prise en compte dans les politiques publiques. Sur la base d'un ensemble de constats, des suggestions sont faites en vue d'aider les acteurs publics dans la remédiation aux différentes formes d'inégalités sociales.

Il n'y a aucune prétention d'être exhaustifs dans l'analyse de la dynamique des formes d'inégalités d'accès aux services sociaux de base. L'idée est de faire comprendre leur existence et les conséquences qu'elles pourraient avoir sur le processus de croissance inclusive au Mali.

I. THEORIES RELATIVES AUX INEGALITES SOCIALES ET OBJECTIFS DU DEVELOPPEMENT DURABLE (ODD)

L'objectif principal de cette partie est de décrire quelques théories relatives aux formes d'inégalités sociales et de donner une présentation synthétique des ODD qui se fondent sur la théorie du changement. En effet, une théorie du changement est une méthode qui explique comment une intervention donnée ou un ensemble d'interventions sont censées conduire à un changement précis sur le plan du développement, grâce à une analyse des liens de cause à effet fondée sur les éléments de preuve existants. Elle s'applique aux ODD et vise à mettre en exergue les liens entre les objectifs des dimensions sociale, économique et environnementale. Le développement durable doit être à la fois économiquement efficace, socialement équitable et écologiquement tolérable. Le social doit être un objectif, l'économie un moyen et l'environnement une condition.

Dans cette partie, cinq sections sont abordées. La première traite des inégalités et du processus de croissance économique. La deuxième porte non seulement sur la configuration des sociétés démocratiques et le lien avec les inégalités, mais également sur la promotion de l'égalité dans la hiérarchie sociale et l'inclusion sociale. Les troisième et quatrième mettent l'accent sur les théories relatives à la justice sociale et aux inégalités sociales ainsi que sur les mesures des inégalités. Enfin, la dernière section (cinquième) porte sur les objectifs du développement durable (ODD).

1.1 Inégalités sociales et processus de croissance économique

Les inégalités sociales constituent une source de préoccupation majeure partout dans le monde. Il s'agit d'une problématique majeure qui affecte de manière indifférenciée plusieurs pays, abstraction faite de leur niveau de développement économique. Par exemple, au sein des pays de l'OCDE, les 10 % les plus riches disposaient d'un revenu 9,6 fois supérieur aux 10% les plus pauvres vers la fin des années 2000, alors que ce rapport n'était que de 7 durant les années 1980 (Dlia A. et Ihnach H., 2018 : 9).

L'appréhension de la problématique des inégalités a donné lieu à l'émergence de deux courants de pensée. Le premier considère les inégalités comme un frein à la croissance économique à moyen et long termes et un facteur de fragilisation du vivre-ensemble au sein de la société. Le second courant, en revanche, soutient la thèse selon laquelle les économies caractérisées par un niveau d'inégalités sociales élevé sont susceptibles de croître plus rapidement que celles où la répartition des revenus est plus équitable. Au-delà de cette controverse théorique, le concept d'inégalité revêt un caractère complexe et multidimensionnel. Il ne se limite pas seulement à l'aspect monétaire de répartition des revenus, mais renvoie aussi aux inégalités de capacités en matière d'accès aux services sociaux de base, surtout aux inégalités d'opportunités ou de chance qui affectent les perspectives de mobilité sociale des populations défavorisées (Dlia A. et Ihnach H., 2018 : 9-10).

1.1.1 Formes d'inégalités sociales

La notion d'inégalités suppose l'existence de différences en termes de situations et de positions sociales. En effet, une inégalité sociale peut être le résultat d'une distribution inégale, au sens mathématique de l'expression, entre les membres d'une société, des ressources de cette dernière, due aux structures mêmes de cette société et faisant naître un sentiment d'injustice au sein de ses membres.

Les inégalités sociales sont des différences entre individus ou groupes sociaux portant sur des avantages ou des désavantages dans l'accès à des ressources socialement valorisées. Ces ressources socialement valorisées dépendent bien sûr de chaque société, des valeurs de chaque société. Dans nos sociétés qui valorisent l'activité économique, l'argent, etc., les inégalités sociales prennent en partie la forme d'inégalités économiques. Toutefois, ces inégalités sociales ne se réduisent pas seulement aux inégalités économiques. Citons quelques exemples de ressources socialement valorisées. Un premier exemple est la santé qui est un capital essentiel pour un individu. Or, il existe des inégalités sociales de santé entre individus, qu'il s'agisse des inégalités entre hommes et femmes ou selon le milieu social[6].

Les inégalités se construisent dans un rapport dialectique aux différences qui peuvent exister entre les individus. « Si chacun était identique aux autres, il ne pourrait exister d'inégalité », rappelle Louis Chauvel. Toutefois, ces différences ne suffisent pas à faire une inégalité. Pour qu'elles le deviennent, il faut qu'elles se traduisent par un accès inégal des individus différents, en raison de leur différence, à certaines ressources rares et valorisées. Ainsi, la différence sexuelle biologique n'est pas, en soi, une inégalité. Le fait que certains individus soient, biologiquement, nés avec des yeux verts ou des yeux marrons ou du sexe masculin et d'autres du sexe féminin ne devient une inégalité que si, à partir de cette différence biologique, se constitue un accès différencié aux ressources rares qui sont désirées dans une société donnée, comme c'est le cas entre les sexes. Cette dernière

[6] Inégalités sociales. Url : http://www.ses.webclass.fr/notion/inegalites-sociales, consulté le 20 novembre 2020.

inégalité est, du reste, aussi ancienne que les sociétés humaines. En effet, dans de nombreuses sociétés, la différence sexuelle est accompagnée d'une inégalité entre hommes et femmes, se traduisant notamment par un accès privilégié des hommes aux ressources économiques, politiques ou culturelles. À partir d'une différence biologique, a donc été construite une inégalité sociale qui est à l'origine de la première et de la plus durable des hiérarchies sociales[5]. En raison du caractère durable de cette inégalité, celle-ci a été conçue comme naturelle, comme étant la conséquence nécessaire de la différence biologique : cette naturalisation est souvent artificielle et les inégalités de genre sont, en grande partie, un produit social et historique.

Les inégalités sont donc arbitraires, quoique parfois construites sur des différences objectives, comme la différence biologique de sexe ; elles sont le produit contingent de l'histoire sociale. Elles ne sont pas naturelles ; leur existence est un phénomène social qui n'est pas détachable du fonctionnement de l'organisation sociale qui est à leur origine. Rien n'implique objectivement leur existence, même si, pour les légitimer, les groupes sociaux qui en tirent avantage ont souvent recours à des arguments qui postulent une infériorité naturelle des individus désavantagés pour rendre compte de ce désavantage. Les hommes légitiment ainsi leur domination sur une supposée infériorité naturelle, notamment intellectuelle, sur les autres (les « barbares », les femmes, par exemple). Il ne faut donc pas confondre une inégalité avec une différence, fût-elle « naturelle », même si la seconde est invoquée pour légitimer la première, et même si elle a été, historiquement, construite à partir d'elle.

Roger Brunet définit l'inégalité comme « une différence perçue ou vécue comme une injustice n'assurant pas les mêmes chances à chacun ». L'inégalité renvoie à des rapports de domination vécus par les individus au sein des sociétés. On peut toutefois concevoir des formes de différenciation entre les individus qui ne se traduisent pas par la constitution de hiérarchies sociales. Les individus peuvent vivre ensemble, « égaux mais différents ». Rien n'implique que sur les différences sexuelles se construisent des inégalités de genre ou que les différences de pigmentation de la peau débouchent sur des formes de hiérarchisation sociales. Certains sociologues suggèrent d'ailleurs que les sociétés contemporaines et individualistes sont marquées par un double processus de diminution des inégalités sociales et de recherche de différenciation entre les individus. Ainsi, une partie importante du courant féministe est qualifié de « différentialiste », car il entend souligner que les femmes peuvent être les égales des hommes sans être, pour autant, contraintes de renoncer à leur « féminité ». On constate toutefois que les groupes sociaux utilisent les différences entre les individus pour constituer, renforcer ou légitimer les inégalités, et en particulier en ce qui concerne les différences entre les sexes (Galland, O. et Lemel, Y., 2018).

Amal DLIA et Houssine IHNACH (2018) indiquent qu'au-delà de leur portée multidimensionnelle, les inégalités pourraient être regroupées en trois grandes catégories, en l'occurrence les inégalités de droit, de chance ou de situation. ***Les inégalités de droit*** *renseignent sur la faculté de jouir des droits économiques, sociaux,* culturels et environnementaux. Elles tirent leur substance de la Déclaration universelle des Droits de l'Homme qui stipule dans son article premier : « Tous les êtres humains naissent libres et égaux en dignité et en droits. Ils sont doués de raison et de conscience et doivent agir les uns envers les autres dans un esprit de fraternité ». Cette Déclaration garantit dans son article 2 : « La prévalence de tous les droits et toutes les libertés sans distinction aucune, notamment de race, de couleur, de sexe, de langue, de religion, d'opinion politique ou de toute autre opinion, d'origine nationale ou sociale, de fortune, de naissance ou de toute autre situation ».

Les inégalités de chance/d'opportunité *traduisent l'influence des variables liées aux* circonstances et à l'environnement sur lesquels l'individu n'a aucune emprise et dont les effets sont contraignants en termes de mobilité sociale. Cette forme d'inégalités comprend les formes de discrimination entre fille et garçon en matière d'accès au système éducatif. Elle reflète aussi des situations où les membres d'une collectivité, du fait de leur appartenance à un corps social particulier, une religion ou une ethnie, n'ont pas les mêmes chances d'accès à toutes les positions sociales statutaires.

Les inégalités de situation/ de résultat *reflètent des configurations où les individus ne* disposent pas des mêmes niveaux de richesse matérielle ou des mêmes conditions de vie socio-économiques. Il en résulte des différences de situation entre les individus en raison des ressources qu'ils détiennent. Ces ressources peuvent être d'ordre économique (revenu, patrimoine, dépenses…) ou social (éducation, santé, logement, etc.) (Dlia A. et Ihnach H., 2018 : 12).

1.1.2 Inégalités sociales et processus de croissance économique

La question des inégalités sociales, leurs effets sur la croissance économique et sur le niveau de développement en général ont donné lieu à une littérature variée et importante. Les différentes études réalisées ne font guère l'unanimité, mais il n'en demeure pas moins vrai qu'une bonne partie de ces études confirme que le creusement des inégalités s'avère néfaste pour la croissance économique à long terme. Ces études partent du constat selon lequel les sociétés caractérisées par un degré d'inégalités sociales élevé affichent un fonctionnement inefficient et souffrent de dysfonctionnements économique et social patents. Outre le rétrécissement de la classe moyenne du fait de la concentration des revenus en haut ou en bas de la distribution, la prévalence des inégalités sociales compromet les efforts des pouvoirs publics en matière de réduction de la pauvreté.

Une étude de l'OCDE a fait ressortir que l'augmentation des inégalités de revenus entre 1985 et 2005 a fait perdre en moyenne 4,7 points de taux de croissance cumulé entre 1990 et 2010 dans les pays de l'OCDE (2014). La même conclusion a été relevée par Piketty (2013), qui a précisé que lorsque le rendement du capital augmente plus que la croissance économique, cela conduit à une concentration accrue de la richesse et à une baisse continue de la demande globale, occasionnant, de ce fait, une diminution de la production et partant de la croissance.

Dabla-Norris, Kochhar, Suphaphiphat, Ricka and Tsounta (2015) ont mis en exergue l'impact négatif de l'accroissement des inégalités sur la croissance économique. Sur la base d'un échantillon de 159 pays développés et en voie de développement, l'étude a montré qu'une hausse de 1% de l'indice de Gini réduirait le taux de croissance du PIB de 0,07 point de pourcentage.

D'autres études ont plutôt mis en relief l'existence d'un impact positif des inégalités sur la croissance économique. Les défenseurs de cette thèse (Kaldor 1955 ; Bourguigon 1981 ; Mirrlees 1971 ; Lazear and Rosen 1981) s'appuient sur l'idée selon laquelle l'octroi d'incitations en faveur des populations riches favoriserait l'accumulation du capital et impulserait le processus d'innovation ; ce qui se traduirait in fine par une croissance plus élevée et des créations d'emplois durables, profitant à l'ensemble de la population. Cet argument s'est avéré toutefois peu défendable. Le cas des Etats-Unis est révélateur à plus d'un titre de l'inefficacité des politiques d'incitation qui profitent aux plus riches. Malgré l'importance des mesures de soutien déployées par ce pays pour contenir les effets de la crise économique mondiale, les inégalités se sont creusées davantage en faveur des 1% les plus riches qui ont vu leur revenu augmenter et leur part dans la richesse nationale s'accroître de manière significative. Les autres franges de la population ont assisté à une baisse significative de leurs revenus sous l'effet du recul de l'emploi (Stiglitz J. E. 2012).

1.2. Sociétés démocratiques et inégalités, Promotion de l'égalité dans la hiérarchie sociale et Inclusion sociale

1.2.1. Sociétés démocratiques et inégalités

Les inégalités se fondent sur un fait objectif : l'accès inégal et socialement hiérarchisé entre groupes sociaux aux ressources rares et, pour cela, désirées. Toutefois, les inégalités ont aussi une dimension subjective : elles n'existent vraiment pour la société que si elles sont perçues comme telles par les individus. Elles peuvent évoluer en injustice si les individus considèrent l'accès différencié aux ressources rares comme telle. C'est ainsi que les inégalités sociales entre les sexes ou les inégalités sociales basées sur la pensée raciste, quasi naturalisées jusque-là, ont progressivement été perçues comme arbitraires, comme n'étant fondées sur aucune raison véritable. Elles ont, dès lors, été dénoncées comme injustes. Les inégalités « sont aussi un fait subjectif, les acteurs se représentent les inégalités, les perçoivent ou non, les qualifient d'acceptables ou de scandaleuses, leur donnent un sens » (Dubet F., 2003). Les sociétés modernes ont, de ce point de vue, un rapport particulier aux inégalités en raison des valeurs sur lesquelles elles sont fondées.

1.2.2 Promotion de l'égalité dans la hiérarchie sociale

Louis Dumont dans son travail a mis en évidence le caractère individualiste et égalitaire de nos sociétés contemporaines par comparaison aux sociétés traditionnelles qui nous ont précédés, et notamment de la société indienne qui lui sert de point de comparaison. Cela ne veut pas dire que, dans les faits, notamment pour ce qui est de la répartition des richesses, nos sociétés soient plus égalitaires que les sociétés du passé : ce n'est pas toujours le cas. Mais, au niveau des valeurs qui les fondent, nos sociétés sont égalitaires. Elles « valorisent en premier lieu l'être humain individuel : à nos yeux chaque homme est une incarnation de l'humanité tout entière, et comme tel il est égal à tout autre homme, et libre » (Dumont L., 1977 : 12). Les sociétés du passé sont « caractérisées par la soumission à la hiérarchie comme valeur suprême, exactement à l'opposé de l'égalitarisme qui règne, comme l'une de leurs valeurs cardinales, dans nos sociétés de type moderne » (Dumont L., 1977 : 12). Nos sociétés sont donc fondées sur le principe d'une égalité de valeurs entre les hommes. Pour cette raison, elles portent un regard aigu sur les inégalités qui, dès lors qu'elles sont perçues comme telles, sont le plus souvent dénoncées comme illégitimes, car fondamentalement contraires à nos normes morales. De ce point de vue, l'analyse sociologique, qui dénaturalise les inégalités, participe de ce discours de dénonciation car elle est fondée, au moins implicitement, sur l'affirmation d'une égalité principielle des hommes.

Dumont retrouve là les analyses d' Alexis de Tocqueville pour qui, nos sociétés sont marquées par ce qu'il appelle la « passion de l'égalité ». Pour Tocqueville, la démocratie est plus qu'un régime politique : elle est un « état social », c'est-à-dire un type de société, construite à partir du primat de l'égalité ; lequel renvoie à l'acte fondateur de la démocratie : l'affirmation par la déclaration des droits de l'homme que « les hommes naissent libres et égaux en droit » (Oodiah M., 2024).

Ce principe a historiquement impliqué d'abord une abolition des différences hiérarchiques de conditions : « Est démocratique la société où ne subsistent plus les distinctions des ordres et des classes, où tous les individus qui composent la collectivité sont socialement égaux [...] » (Manent P. 1993 : 14). Tocqueville estime que « l'égalité sociale signifie qu'il n'y a pas de différence héréditaire de conditions, et que toutes les occupations, toutes les professions, toutes les dignités, tous les honneurs sont accessibles à tous. Sont donc impliquées dans l'idée de démocratie à la fois l'égalité sociale et la tendance à l'uniformité des modes et des niveaux de vie » (Aron R., 1967 : 225).

1.2.3. Inclusion sociale

Le concept d'inclusion sociale vient du sociologue allemand Niklas Luhmann (1927-1998) pour caractériser les rapports entre les individus et les systèmes sociaux. L'inclusion sociale signifie l'accès d'un individu ou d'une population aux infrastructures, aux services sociaux, culturels et économiques, de même qu'à la prise de décision, c'est-à-dire au pouvoir. Une population est considérée comme incluse, si elle est en mesure de participer à l'élaboration et à la mise en œuvre d'un projet ou d'un programme de sa société. Pour favoriser l'inclusion sociale, on peut citer, à titre d'exemples, l'accès aux infrastructures et aux services sociaux, l'égalité entre hommes et femmes, les opportunités de développement humain, le bien-être matériel, une redistribution équitable des revenus dans une optique de réduction de la pauvreté, la prise en compte du travail non rémunéré, la réduction du chômage, la valorisation de manière égale de toutes les populations et communautés, l'alphabétisation et l'éducation (Mme Ousmane, Ali Boulhassane M., 2015 : 4).

Ainsi, l'approche inclusive consiste à réduire, voire à supprimer les barrières qui excluent ou empêchent un individu ou une population de participer pleinement à la vie active. L'inclusion sociale est une solution pour combattre l'inégalité. Mais de cette possibilité offerte à tous de progresser, de même que de l'uniformité des modes de vie, résulte une passion de l'égalité :

> [...] démocratique que soit l'état social et la constitution politique d'un peuple, on peut donc compter que chacun de ses citoyens apercevra toujours près de soi plusieurs points qui le dominent, et l'on peut prévoir qu'il tournera obstinément ses regards de ce seul côté. Quand l'inégalité est la loi commune d'une société, les plus fortes inégalités ne frappent point l'œil ; quand tout est à peu près de niveau, les moindres le blessent. C'est pour cela que le désir de l'égalité devient toujours plus insatiable à mesure que l'égalité est plus grande (Tocqueville A. de, 1840 : 135).

En matière d'égalisation des conditions et de transformation du regard sur les inégalités, Tocqueville a anticipé une tendance profonde des sociétés modernes : le fait qu'en raison de cette « passion de l'égalité » un nombre toujours plus grand de différences sociales soient perçues comme des inégalités injustes et illégitimes. À propos, Éric Fassin affirmait :

> L'inégalité de traitement ne suffit pas à caractériser la discrimination, : encore faut-il que le

> critère qui la fonde soit illégitime. Établir le répertoire de la discrimination sous toutes ses formes n'a rien d'intemporel ou d'universel. Après tout, l'apartheid n'est pas si loin, et le seul suffrage masculin (1848-1944) pas si ancien. Bref, le partage entre une distinction légitime et une distinction illégitime ne cesse d'évoluer (Fassin É. 2003).

Selon Fleurbaey (2001), la vision simple de l'individu, un et souverain de la naissance (ou de la maturité) à la mort, qui est véhiculée par la théorie économique élémentaire, n'est pas indiscutable et notamment, sur le plan éthique. Il est maintenant courant, depuis Parfit (1984), de reconnaître que les individus changent et qu'il serait inadéquat de traiter comme une entité unique des successions de personnalités très différentes habitant un même corps sur plusieurs décennies. D'ailleurs, cette idée s'oppose non seulement aux théories utilitaristes du cycle de vie, mais également aux théories de l'égalité des chances qui voudraient, comme celle d'Arneson, que l'égalité soit garantie aux alentours de l'âge de 18 ans ; puis, que sur le reste de leur vie les individus aient à subir les rigueurs de leurs égarements éventuels. La remise en cause de l'individualisme éthique sommaire va dans deux directions. D'une part, il apparaît légitime de s'intéresser à des tranches de vie, à des périodes particulières. Ce qui redore le blason des études empiriques en coupe instantanée, mais suggère aussi de s'intéresser à des tranches de vie légèrement plus longues (cinq ou dix ans, par exemple). D'autre part, il peut être aussi pertinent de s'intéresser aux groupes familiaux et aux dynasties. Ce qui est encore plus large que le cycle de vie individuel (Fleurbaey M., 2001 : 239-240).

Schéma 1 : Lien entre inclusion sociale, inégalités et croissance inclusive

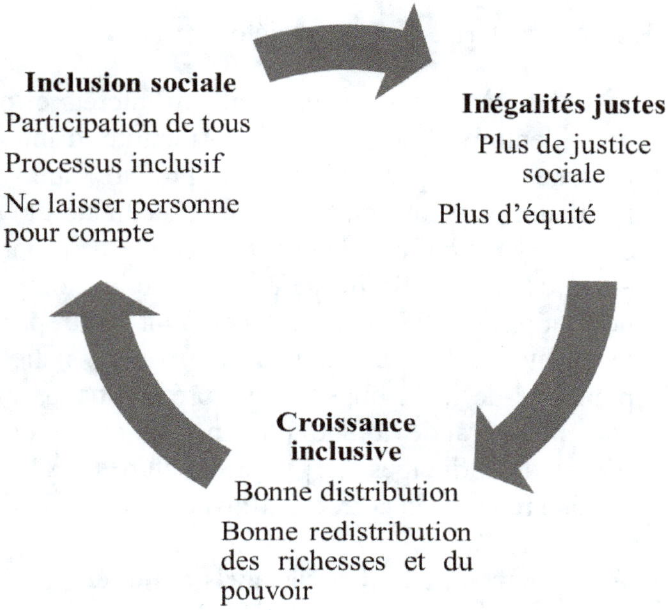

1.3. Théories relatives à la justice sociale et aux inégalités sociales

1.3.1 Théories rawlsiennes et Notion de « biens premiers »

1.3.1.1. Théories rawlsiennes

L'œuvre de John Rawls, la *Théorie de la Justice,* publiée en 1971, a ranimé le débat autour du discours de justice sociale. Pour lui, l'objet premier de la justice, c'est la structure de base de la société ou, plus exactement, la façon dont les institutions sociales les plus importantes (c'est-à-dire la constitution politique et les principales structures socio-économiques) répartissent les droits et les devoirs fondamentaux et déterminent la répartition des avantages tirés de la coopération sociale (Rawls J., 2009).

Rawls caractérise donc la société :

> [...] à la fois par un conflit d'intérêts et par une identité d'intérêts. Il y a identité d'intérêt puisque la coopération sociale procure une vie meilleure pour tous que celle que chacun aurait eue en cherchant à vivre seulement grâce à ses propres efforts. Il y a conflit d'intérêts puisque les hommes ne sont pas indifférents à la façon dont sont répartis les fruits de leur collaboration En effet, dans la poursuite de leurs objectifs, ils préfèrent tous une part plus grande à une plus petite. On a donc besoin des principes [...] pour conclure un accord sur une répartition correcte (Rawls J., 2009 : 33).

Encadré 1 : Aperçu de la théorie rawlsienne [2]&

A. Justice sociale et équité.

« Rawls part d'une idée simple : un système de règles équitable est un système auquel les contractants pourraient adhérer sans savoir à l'avance quel bénéfice personnel ils en retireront. C'est pourquoi il élabore la fiction d'une "position originelle" [...] dans laquelle les individus connaissent les caractéristiques générales du fonctionnement de la société et de la psychologie humaine sans savoir quelle sera leur position sociale en son sein, ni quelles seront leurs aptitudes naturelles et leurs propensions psychologiques. Ils disposent de toute l'information nécessaire, sauf de celle qui leur permettrait de trancher en leur propre faveur. Dans ces conditions, chaque contractant doit imaginer des principes de justice valides pour une société où sa propre position sociale lui serait assignée par son pire ennemi. Comme on sait, Rawls fait l'hypothèse que, sous ce « **voile d'ignorance** », les

participants sélectionneraient les deux principes suivants :
1. Toute personne a un droit égal à l'ensemble le plus étendu de libertés fondamentales égales qui soit compatible avec le même ensemble de libertés pour tous.
2. Les inégalités sociales et économiques doivent satisfaire deux conditions : elles doivent a) être attachées à des fonctions et positions ouvertes à tous dans des conditions de juste égalité des chances, b) fonctionner au plus grand bénéfice des membres les plus défavorisés de la société.
Autrement dit, égale-liberté pour tous, égalité des chances et application du fameux « principe de différence » : l'inégalité économique et sociale peut se justifier pour des raisons d'efficacité dans la coopération sociale et la production de richesses, mais elle n'est légitime que si elle améliore la position des plus défavorisés ».

B. Comprendre la notion d'équité.

L'équité est une norme de justice qui permet d'apprécier le caractère juste ou injuste de certaines inégalités. Elle est un jugement moral que l'on porte sur le type d'égalité que l'on décide de promouvoir (droits, chances ou situations…). Elle se fonde sur un choix éthique ou politique sous-tendu par un système de valeurs. Dans un souci de justice, on peut conduire à traiter de façon différente les membres de la société afin de réduire des inégalités constatées. Il n'y a donc pas lieu d'opposer l'égalité et l'équité, mais de choisir entre des domaines au sein desquels on entend promouvoir l'égalité et entre des procédures par lesquelles on entend la promouvoir.

Une société juste n'est pas une société égalitaire mais une société qui réalise « l'égalité juste », c'est-à-dire « l'équité ». John Rawls (1921-2002) : philosophe américain publie un ouvrage qui présente une théorie novatrice de la justice sociale (Théorie de la justice, 1971). L'enjeu est, selon lui, de rendre compatible le respect des droits individuels propre à toute société démocratique avec une réduction des inégalités de situation qui soit perçue comme juste par toute la société. Les individus au sein d'une société doivent se mettre d'accord sur un principe de justice. Rawls suppose que pour pouvoir produire des critères de justice légitime, les individus composant une société doivent tout d'abord se trouver sous un « voile d'ignorance ». Autrement dit, ils doivent collectivement décider de ce qui sera juste ou injuste avant de connaître les positions qu'ils occuperont dans la société. Dès lors, la société est assurée d'opter pour des principes de justice apportant un maximum d'avantages même pour les individus qui vont se trouver dans la position la plus défavorisée. Il établit ensuite 2 principes fondamentaux (sur lesquels les individus sous le voile d'ignorance s'entendent) à partir desquels la société peut distinguer le « juste » de l'« injuste » :

- **Principe de liberté** : « chaque personne doit avoir droit à la même liberté fondamentale compatible avec une même liberté pour tous » : il s'agit du droit de vote, d'éligibilité, de propriété, d'opinion, d'expression, de réunion. Il s'agit du principe de l'égalité des droits qui garantit celui de l'égalité des chances ;
- **Principe de différence** : selon lequel les inégalités économiques et sociales doivent être à l'avantage des plus défavorisés, elles sont associées à des positions ouvertes à tous (égalité des chances).

Le principe de différence signifie que certaines inégalités consécutives à une action publique (redistribution des revenus, créations des Zones d'Education Prioritaires bénéficiant de plus de moyens humains et financiers, politiques d'aide aux personnes handicapées…) sont justes si elles permettent d'améliorer la situation des individus qui sont concernés (ménages pauvres, élèves des quartiers défavorisés, personnes handicapées…).

Les inégalités socio-économiques sont justes si elles bénéficient aux plus défavorisés. Les inégalités autorisées doivent apporter une certaine contribution aux attentes des moins favorisés (par exemple si certains entrepreneurs s'enrichissent, ils doivent contribuer à l'amélioration du niveau de vie des salariés qui travaillent pour eux).

Source : Sen A., 1999.

Rawls propose en définitive la formulation de ses deux principes de la justice sur lesquels se ferait un accord dans la position originelle. D'abord, chaque personne doit avoir un droit égal au système le plus étendu de libertés de base égales pour tous qui soit compatible avec le même système pour les autres. Ensuite, les inégalités sociales et économiques doivent être organisées de façon à ce que, à la fois, (a) l'on puisse raisonnablement s'attendre à ce qu'elles soient à l'avantage de chacun et (b) qu'elles soient attachées à des positions et à des fonctions ouvertes à tous.

Le premier principe (dit de liberté ou d'égale liberté) donne la priorité aux libertés de base (libertés politiques, d'expression, de réunion, de pensée et de conscience, protection de la personne, droit de propriété personnelle, …). Le second principe complète le premier. Il exige l'efficacité et l'égalité, en condamnant les inégalités, sauf si elles représentent un avantage pour chacun. Ce principe intègre premièrement : (i) le *principe de différence*, qui donne la priorité à la défense des intérêts du plus mal loti. Et cela conduit au maximin, ou au leximin, défini non pas sur les utilités individuelles, mais sur l'indice des biens premiers ; (ii) ce principe demande également qu'à talents donnés, tous les membres de la société puissent jouir d'une chance égale d'accès à toutes les positions sociales ; ce qui veut dire que ce principe intègre deuxièmement le *principe d'égalité équitable des chances*.

Schéma 2 : Lien entre équité et inégalités

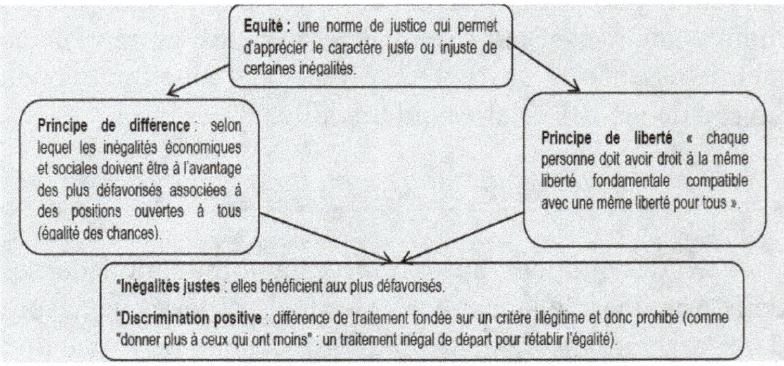

Source : Maric M., 1996.

La théorie de Rawls met l'accent sur les règles qui gouvernent les choix collectifs plutôt que sur la mesure du bien-être elle-même. Cependant, si les « règles du jeu » priment l'évaluation précise des résultats, celle-ci ne peut disparaître complètement. Dès lors, Rawls s'attache au perfectionnement du critère de mesure des biens dont disposent les individus (Maric M., 1996).

1.3.1.2. Notion de « biens premiers »

Les « valeurs sociales de base » qui constituent l'ensemble des « biens premiers » (« primary goods ») sont, dans la première version de la théorie rawlsienne, « tout ce qu'on suppose qu'un être rationnel désirera, quels que soient ses autres désirs.

Quand les hommes jouissent de ces biens dans une plus grande proportion, ils sont généralement assurés de pouvoir réaliser leurs intentions et de faire progresser leurs objectifs, quels qu'ils soient, avec davantage de succès »

(Rawls [1972]). Ces biens premiers sont «sociaux », explique Rawls, dans la mesure où ils dépendent de la « structure de base » de la société, i.e. des principales institutions politiques et sociales (à la fois la constitution, le régime économique, l'ordre juridique, ...) et de la manière dont ces institutions s'organisent en un système unique. Ils peuvent alors être distingués des biens naturels, tels que « la santé, la vigueur, l'intelligence, l'imagination », dont la possession n'est pas directement liée à son contrôle.

Les biens premiers sont « généralement nécessaires comme conditions sociales et comme moyens polyvalents permettant aux personnes de poursuivre leurs conceptions déterminées du bien, de développer et d'exercer leurs deux facultés morales » (conception du bien et sens de la justice). Ils ne peuvent donc être déterminés par un examen empirique ou historique de ce qui constitue le bien pour les individus, mais plutôt conçus comme des « moyens généraux ». Dès lors, « ils ne correspondent pas à l'idée que tout un chacun peut se faire de ce qui compte vraiment pour l'existence humaine » [1993]. Ils sont définis « lorsqu'on se demande quel genre de conditions sociales et de moyens polyvalents permettraient aux êtres humains de réaliser et d'exercer leurs facultés morales ainsi que de rechercher leurs fins ultimes ». Ils sont liés « aux circonstances de l'existence humaine dans une société démocratique ». Ils sont justifiés par les « intérêts supérieurs de la personnalité morale et le besoin de garantir notre propre conception du bien (quel qu'il soit) » (Rawls [1980]).

Cinq catégories de biens premiers sont décrites par Rawls, auxquelles s'ajoutent respectivement une justification liée aux caractères de l'individu raisonnable (Rawls [1980] ; [1987]) :

- les libertés de base : elles sont « les conditions institutionnelles sous-jacentes nécessaires au développement et à l'exercice complet et informé des deux facultés morales », i.e. elles sont « nécessaires au développement et à l'exercice de la capacité de choisir, de réviser et de réaliser rationnellement une certaine conception du bien » pour chaque individu; elles protègent donc, au niveau social, « une gamme étendue de conceptions déterminées du bien », d'une part, et « elles permettent le développement et l'exercice du sens de la justice », d'autre part ;

- la liberté de circulation et le libre choix de son occupation : ils sont « nécessaires à la réalisation de fins ultimes et à l'efficacité de notre décision de les réviser et de les changer si nous le désirons »;

- les pouvoirs et les prérogatives des fonctions et des postes de responsabilité (dans les institutions politiques et économiques) : ils sont « nécessaires pour développer les diverses capacités autonomes et sociales du Moi » ;

- le revenu et la richesse : ce sont des « moyens polyvalents (munis d'une valeur d'échange) ; on en a besoin pour réaliser directement ou indirectement une gamme étendue de fins, quelles qu'elles soient » ; (« presque toutes ») ;

- les bases sociales du respect de soi-même : elles sont constituées par « les aspects des institutions de base qui sont en général essentiels aux citoyens pour qu'ils possèdent un sens aigu de leur propre valeur en tant que personnes et pour qu'ils soient capables de développer et d'exercer leurs facultés morales et de faire progresser leurs buts et leurs fins avec confiance en eux-mêmes ». ***C'est, selon Rawls, « peut-être » le bien premier le plus important.***

Rawls [1995] admet que l'on y ajoute, à cette liste non exhaustive, ***le temps libre ou l'absence de douleur,*** par des biens premiers comme moyens généraux dont la possession dépend de la structure de base de la société (Maric M., 1996 : 117-119).

Les inégalités sociales et économiques doivent être à l'avantage de chacun et doivent être attachées à des positions et fonctions ouvertes à tous. On peut donc comprendre qu'il soit justifié qu'il existe des riches et des pauvres si l'argent des riches permet d'élever le niveau de vie des pauvres comparé à une situation parfaitement égalitaire.

1.3.2. Inégalités spatiales

L'organisation de l'espace suppose au départ une claire distinction entre trois notions : différence, inégalité, injustice. Que le monde soit divers est exact, mais cela n'entraîne pas qu'il soit pour autant inégal. Le modèle centre-périphérie est l'interprétation la plus achevée des inégalités spatiales.

Alain Reynaud (1981) met en évidence l'inscription spatiale du lien social à travers l'asymétrie des flux qui parcourent le territoire. Cette différenciation spatiale est bien une inégalité. Certains points attirent les flux d'hommes, de produits et de capitaux. Ils sont érigés en centres parce qu'ils concentrent les pouvoirs décisionnels et parce que les populations qui y résident, par un effet de lieu, y jouissent de conditions de vie plus favorables qu'ailleurs en termes de niveaux de revenu, de marché du travail, d'accès aux services publics et privés. D'autres territoires, qui se définissent par antithèse, assurent en moyenne à leurs résidents des perspectives de vie moins favorables. Ce sont les périphéries, dans la dépendance des précédents. La compétition entre les formations sociales territorialisées produit le binôme centre-périphérie.

L'atténuation des inégalités spatiales (régions, urbain-rural, quartiers favorisés-quartiers défavorisés) est essentielle pour accélérer la réduction des inégalités. Pour preuve, la concentration des ménages pauvres dans des quartiers défavorisés génère une transmission intergénérationnelle de la pauvreté et des privations hypothéquant toute possibilité d'amélioration de leur situation et d'ascension sociale à moyen et long termes. Plusieurs politiques sont à pied d'œuvre pour réduire la ségrégation spatiale et promouvoir la mobilité sociale dans les zones défavorisées (OCDE, 2018). Ces politiques s'insèrent dans une stratégie plus globale de réhabilitation urbaine, notamment à travers :

- l'amélioration de l'accès à une éducation de qualité dans les zones difficiles qui sont caractérisées par un environnement socio-économique contraignant. Certains pays comme le Chili et les Pays-Bas offrent un financement supplémentaire aux écoles qui acceptent de prendre en charge des élèves peu performants ;
- le développement des compétences et des opportunités sur le marché du travail, tout en promouvant des projets ciblant des travailleurs pauvres pour améliorer la mobilité sociale. Des avantages fiscaux sont accordés aux entreprises qui investissent dans les zones défavorisées, permettant ainsi de créer plus d'opportunités d'emplois et/ou d'améliorer le niveau des salaires ;
- la promotion de l'accès à des soins de santé abordables et de qualité. Les principaux leviers déployés portent sur l'amélioration des conditions de travail et l'octroi d'incitations financières (telles que les primes de zone au Mali) au personnel

médical pour exercer dans les zones mal desservies, voire l'encouragement des personnes issues de ces zones à opter pour des études médicales ;

- l'accès à un logement de qualité et à des meilleurs coûts. Les instruments privilégiés à cet effet englobent, entre autres, les subventions à la propriété, les indemnités de logement, le développement du marché locatif et la promotion des logements sociaux locatifs à l'image des « Attbougou » au Mali ;
- le développement du transport et des infrastructures pour désenclaver les zones défavorisées. De nombreux pays de l'OCDE ont mis en place des programmes visant à améliorer la qualité des infrastructures de transport et adoptent des tarifs de transport plus réduits en faveur des groupes vulnérables (Dlia A. et Ihnach H., 2018).

1.4. Mesures des inégalités (sociales et économiques)

1.4.1. Critères statistiques

Dans sa pensée sur la justice sociale, Rawls cherche les conditions de légitimité des inégalités. Une inégalité est acceptée si elle profite à tous, même à ceux qui la subissent. Cette théorie met l'accent sur les inégalités de l'ordre de l'avoir. Elle est critiquable dans la mesure où, par exemple, la monopolisation des positions de pouvoir par les élites, même si elles sont renouvelées régulièrement par le jeu démocratique, peut ne pas contribuer à l'amélioration du sort de ceux qui ne supportent pas les excès de ce pouvoir relativement à une situation où ce pouvoir serait également partagé entre tous les citoyens.

Pour mesurer les inégalités, on a recours à des études statistiques. Toutefois, ces études sont rares dans certains domaines (inégalités de chances, par exemple) et souvent inadéquates, voire insuffisantes pour montrer l'évolution des inégalités.

Par ailleurs, l'utilisation de « moyenne » ne va pas non plus sans poser des problèmes (revenu moyen, espérance de vie moyenne, ...). Cela cache la dispersion de chaque catégorie considérée dans la mesure et l'analyse des inégalités. L'approche statistique met entre parenthèses le vécu des acteurs sociaux et le sens qu'ils donnent à leur situation. De ce fait, il est recommandable de compléter les approches quantitatives (statistiques) par des études qualitatives (sociologiques).

Sen (2000), tout comme d'autres économistes, considère que le critère de Pareto est une base insuffisante pour fonder des jugements sociaux. De leur point de vue, l'accroissement de la taille du gâteau doit être mis en balance avec l'augmentation de l'inégalité qu'enregistrent, dans un tel cas de figure, les indicateurs traditionnels comme l'indice de Gini ou le rapport interdécile. La position d'un groupe d'individus ne peut être analysée indépendamment de ce qui se passe dans le reste du corps social. Des écarts trop grands entre les individus peuvent porter atteinte à la cohésion sociale. Ainsi que le soulignait déjà Platon : « Si un État veut éviter la désintégration sociale, il doit veiller à ne tolérer aucune augmentation de l'extrême pauvreté comme de l'extrême richesse dans quelque partie que ce soit du corps social, parce que l'une comme l'autre conduit au désastre. C'est pourquoi le législateur doit veiller à fixer clairement les limites acceptables de la richesse comme de la pauvreté » (Berruyer O., 2024).

Il est devenu raisonnable, depuis Rawls (1971), d'envisager l'évaluation des situations sociales non pas en termes d'utilités individuelles, mais en termes de ressources ou d'opportunités. En effet, la satisfaction subjective est un indicateur de bien-être qui semble trop lié à des éléments de responsabilité individuelle pour être pris en charge par la société. Rawls a donc proposé de définir la justice sociale en termes de répartition de « biens primaires », c'est-à-dire de ressources de base (revenu, richesse, droits fondamentaux, etc.) dont tout individu a besoin pour mener une vie réussie, quels que soient ses objectifs précis et sa conception particulière d'une « vie réussie ».

Selon Rawls, la répartition optimale de ces biens primaires devrait être la plus égale possible, au sens où une inégalité ne peut être tolérée que si elle opère, par le biais des incitations, par exemple, au bénéfice des plus défavorisés. En d'autres termes, la répartition optimale est celle qui donne le maximum de ressources à ceux qui en ont le moins. À la suite de Rawls, de nombreux auteurs ont repris cette double idée de rechercher l'égalité tout en tenant compte de la responsabilité individuelle. Il faut souligner le progrès que représentait, par rapport à la philosophie utilitariste alors dominante chez les philosophes anglo-saxons, mais aussi chez la plupart des économistes, l'idée qu'il ne faut pas simplement chercher un résultat social global, un bien-être qui soit l'addition des utilités individuelles, mais s'intéresser aussi à la répartition du bien-être, éviter de sacrifier les minorités au profit des majorités. De même, la notion de responsabilité individuelle reflète bien cette idée de bon sens que la justice sociale ne concerne pas les variations d'humeur, les ambitions particulières, les caprices, mais concernent les conditions de base dans lesquelles les individus sont placés pour organiser leur vie (Fleurbaey M., 2001 : 240).

1.4.2. Méthodes et outils de mesure des inégalités de revenus

Plusieurs méthodes et outils statistiques ont été développés pour cerner l'ampleur des inégalités et capter leur complexité. Ceux-ci diffèrent selon l'agrégat retenu (salaire, revenu, patrimoine, éducation, opportunités…) et la catégorie ciblée (individu, ménages, unités de consommation, territoires, classes sociales…). Les méthodes les plus en vogue englobent le coefficient de GINI, l'indice de Theil, l'indice d'Atkinson, le rapport inter décile et l'indice de Palma.

Le coefficient de Gini, ou indice de Gini, est défini par :

$$G = 1 - \sum_{i=1}^{q} (2(q-i) - 1) \frac{Y_i}{q^2 \bar{Y}} \qquad (1)$$

où les individus *i* sont classés par ordre croissant du revenu Y_i dont $\bar{Y}$ est la moyenne avec q groupes d'individus (ODHD, 2022). Le coefficient de Gini est une mesure statistique permettant de rendre compte de la répartition d'une variable au sein d'une population. Avec plus de précision, il mesure le niveau d'inégalité de la répartition d'une variable dans la population. **Il varie entre 0 (égalité parfaite) et 1 (inégalité extrême),** ou entre 0% et 100%. Un indice de Gini proche de 0 indique une répartition équitable, tandis qu'un indice proche de 1 révèle une forte inégalité.

L'indice de Theil se définit par :

$$GE(0) = -\frac{1}{n} \sum_{i=1}^{n} \ln\left(\frac{Y_i}{\bar{Y}}\right) = \frac{1}{n} \sum_{i=1}^{n} \ln\left(\frac{\bar{Y}}{Y_i}\right) \qquad (2)$$

où n représente la population ; Y_i – le revenu du l'individu ou du ménage *i* ; $\bar{Y}$ – le revenu moyen est la moyenne avec q groupes d'individus (ODHD, 2022). Il s'inspire de la mesure de l'entropie, c'est-à-dire qu'il mesure l'écart entre une distribution égalitaire uniforme et la distribution constatée. Plus une suite est désordonnée, plus son entropie est grande. Ici, plus les revenus sont dispersés, plus l'indice de Theil est élevé. Cet indice a la propriété remarquable de pouvoir être décomposé, c'est-à-dire qu'il peut s'additionner pour différents sous-groupes ou régions d'un pays.

L'indice d'Atkinson se définit par :

$$GE(2) = \frac{1}{2}\left[\frac{1}{n}\sum_{i=1}^{n}\left(\frac{Y_i}{\bar{Y}}\right)^2 - 1\right] = \frac{1}{2}\left(\frac{\sigma_Y}{\bar{Y}}\right)^2 = \frac{1}{2}K^2$$

(3)

où K représente le coefficient de variation (ODHD, 2022).

Il traduit l'aversion de la population pour l'inégalité. Un indice d'Atkinson valant x % signifie que la population accepterait de perdre x % de son revenu actuel pour que la distribution devienne égalitaire. Cet indice dépend d'un paramètre d'aversion pour l'inégalité. L'avantage de cet indicateur est de faire apparaître clairement la mesure retenue comme dérivant d'un choix qu'il faut justifier (celui du paramètre).

Le rapport inter décile est utilisé pour mesurer le degré d'inégalité de la répartition d'une distribution, par exemple, de salaires, de patrimoine, de niveaux de vie, etc.. Pour cela, il est utile de l'ordonner de manière croissante. On appelle ensuite « décile » les valeurs qui partagent cette distribution en dix parts égales d'une population. Ainsi, une distribution de revenus, le 1er décile, généralement noté D1, est le revenu tel que 10 % de la population gagne moins. De manière similaire, le 9e décile, ou D9, est le revenu tel que 10 % de la population gagne plus. Enfin, le 5e décile, ou D5, correspond à la médiane de cette série.

Le rapport interdécile met en relation le 1er et le 9e déciles de la distribution des niveaux de vie mensuels et se calcule comme : D9 / D1. Par exemple, selon l'Institut national de la Statistique et des Etudes économiques (INSEE), le montant du 1er décile est, en France, en 2019, de 972 euros, tandis que celui du 9e décile est de 3 328 euros. On obtient ainsi un rapport interdécile de 3,4 (= 3328 / 972). Cela signifie que les 10 % les plus riches ont un niveau de vie au moins 3,4 fois supérieur à celui des 10 % les plus pauvres.

L'indice de Palma ou le ratio de Palma mesure les inégalités au sein d'un État en comparant la part du revenu national perçue chaque année par les 10 % des plus riches avec celle reçue par les 40 % les plus pauvres. Par exemple, un indice de 3 signifie que les 10 % des plus riches reçoivent 3 fois ce que reçoivent les 40 % les plus pauvres.

En dépit de la diversité des méthodes utilisées, celles-ci sont exclusivement centrées sur les inégalités d'ordre monétaire et celles de résultats, et, ne permettent pas de renseigner suffisamment sur les autres types d'inégalités, dont notamment les inégalités de chance (Dlia A. et Ihnach H., 2018 : 12-13).

1.4.3. Prise en compte de l'incertitude

À la suite de Fleurbaey (2001), il faut faire remarquer que les études empiriques négligent largement le risque auquel sont soumis les individus et ceci est fort regrettable. De ce point de vue, c'est bien la théorie qui a raison sur la pratique.

La théorie économique montre que le risque peut être, pour l'individu, équivalent à une perte de ressources (cette perte se mesurant par le montant que l'individu est prêt à payer pour s'assurer). Il serait particulièrement intéressant de mesurer de cette façon l'impact de l'incertitude macroéconomique et microéconomique sur le bien-être des individus et il est probable que l'accroissement de l'incertitude au cours des dernières décennies contribue à expliquer le décalage apparent entre la croissance du PIB et l'impression de stagnation, voire de régression, souvent exprimée dans les enquêtes d'opinions.

En somme, mesurer l' « équivalent-certain » du PIB serait plus pertinent que de mesurer le PIB. De même, l'accroissement de l'incertitude n'a pas été uniformément réparti sur la population et on peut penser, notamment à propos du risque de chômage, que l'accroissement du risque a accentué les inégalités encore plus que ce que révèlent les mesures du revenu finalement obtenu.

En outre, si l'aversion pour le risque est décroissante avec le revenu, alors l'augmentation du risque de chômage, pour les personnes de faibles revenus, est encore plus dramatique. Ces remarques s'appuient sur l'idée traditionnelle de la théorie, selon laquelle il est important de tenir compte de l'évaluation du risque, *ex ante,* par les individus. Mais, à l'inverse, il ne faudrait pas penser que l'évaluation *ex ante* soit suffisante à elle seule, car les inégalités *ex post* ont aussi leur importance (Fleurbaey M., 2001 : 247-248).

1.4.4. Évolution des inégalités au niveau international

Plusieurs recherches ont mis en exergue la montée des inégalités. Leur tendance structurelle s'est accentuée depuis le début des années 1980. Elles caractérisent l'ensemble des pays, quoiqu'à des rythmes différenciés. Les Etats-Unis et les pays émergents d'Asie (Chine et Inde notamment) sont particulièrement touchés par ce phénomène. En revanche, la situation est relativement moins prononcée en Europe du fait de l'existence de régimes de protection sociale assez soutenus. Au sein des pays en développement, la zone MENA et l'Afrique subsaharienne figurent au rang des régions les plus inégalitaires à l'échelle mondiale (Dlia A. et Ihnach H., 2018 : 14).

Les inégalités se sont nettement aggravées à l'échelle mondiale depuis le début des années 1980, mettant un terme à la phase d'opulence qu'avait connu la plupart des pays au lendemain de l'après deuxième guerre mondiale.

Figure 2 : Evolution de la part des 10% des revenus les plus élevés dans le revenu des principales régions du monde 1980-2016

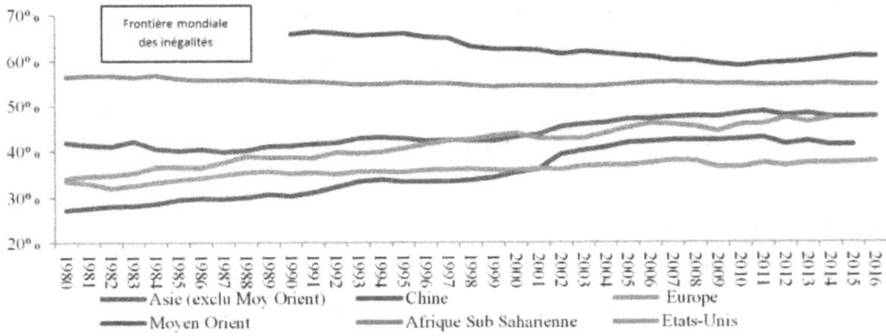

Source : Dlia A. et Ihnach H., 2018 : 14

Les inégalités avaient culminé au début des années 2000, puisque la part des 10% les plus riches dans le revenu mondial s'est située à 55,3%. Depuis, une certaine atténuation des inégalités a été observée, mais une telle évolution cache encore des disparités persistantes entre régions et pays du globe. Les inégalités de revenus aux Etats-Unis se sont fortement creusées au point que l'écart entre ce pays et l'Europe n'a cessé de s'élargir. En effet, les Etats-Unis et l'Europe affichaient en 1980 des niveaux quasiment similaires en termes de part des 10% des revenus les plus élevés (32% et 34% respectivement). Cette part s'est située en 2014 à 47% aux Etats-Unis et à

37% seulement en Europe. La même tendance en termes d'aggravation des inégalités a été observée dans le cas des pays émergents à fort potentiel, dont notamment la Chine. La dynamique d'ouverture dans laquelle s'est inscrit ce pays, conjuguée aux inflexions qui ont marqué son modèle de développement, semble avoir alimenté l'acheminement vers une société davantage inégalitaire. Les pays du Moyen-Orient affichent des niveaux d'inégalités extrêmement élevés, avec une part des 10% les plus riches dans le revenu national se situant à 61% en 2016.

L'Afrique-subsaharienne demeure aussi affectée par une résistance à la baisse des inégalités. Avec des conditions de départ extrêmement difficiles, ces pays ne semblent pas avoir réussi jusqu'à présent à infléchir de manière forte les inégalités sociales. L'analyse de l'évolution de la part des 1% les plus riches et des 50% les plus pauvres laisse entrevoir un écart de tendance encore plus marqué entre l'Europe et les Etats-Unis. Aux Etats-Unis, les 1% les plus riches ont vu leur part dans le revenu national croitre significativement pour se situer à 20% en 2014 contre 11% en 1980, alors que celle des 50% les plus pauvres s'est inscrite en forte baisse, passant de 20% en 1980 à près de 12% en 2014. L'aggravation des inégalités éducatives, combinée à un système de taxation de moins en moins progressif, figure parmi les principaux facteurs explicatifs de cette tendance. En Europe, les inégalités ont connu, par contre, une évolution modérée sur la période considérée, en lien avec les politiques publiques déployées en faveur de la classe moyenne et des catégories sociales à bas revenus (Dlia A. et Ihnach H., 2018 : 15).

Figure 3: Evolution des inégalités aux Etats-Unis et en Europe

Etats-Unis

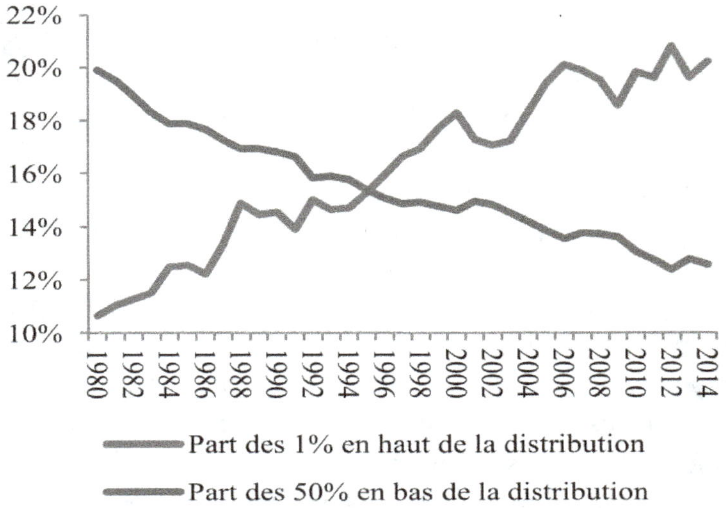

Europe

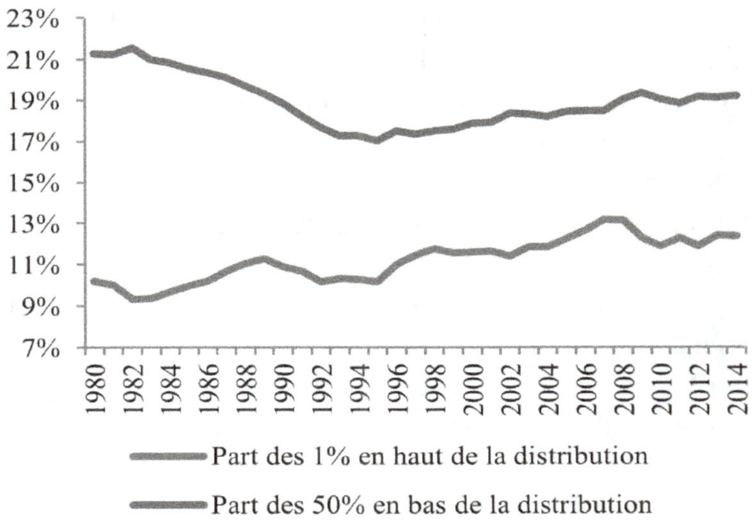

Source : Dlia A. et Ihnach H., 2018 : 14

Au vu de l'accentuation des inégalités dans certains pays développés, dont notamment les Etats-Unis, il est permis de se demander si les tendances observées ne constituent-elles pas une remise en cause de la théorie de Simon Kuznets, considérée pendant longtemps comme un référentiel pour appréhender le phénomène des inégalités. Certes, l'hypothèse de Kuznets[7] a été utile pour expliquer l'évolution des inégalités aux Etats-Unis durant la période allant de la fin du 19ème siècle à la première moitié du 20ème siècle. Néanmoins, à compter de 1980, cette hypothèse semble avoir perdu de sa pertinence. L'analyse de l'évolution des inégalités aux Etats-Unis montre que la trajectoire des inégalités prend plutôt la forme d'un U que d'une cloche comme stipulé dans la théorie de Kuznets.

Certains auteurs estiment que la réalité actuelle des inégalités s'explique par le creusement de l'écart des salaires des plus qualifiés et ceux des moins qualifiés, corollaire à des niveaux d'éducation et de compétences différenciés, dans un contexte économique marqué par l'accélération du progrès technologique et le déplacement de l'emploi vers les profils hautement qualifiés. D'autres auteurs considèrent que l'accroissement des inégalités s'avère une évolution propre au système capitaliste, en lien avec la montée en force des courants néo-libéraux. L'atténuation de ces inégalités passerait, dès lors, par une régulation appropriée du système dans son ensemble (Milanovic B., 2016).

---

[7] Selon la théorie de la courbe en U inversée de Simon Kuznets, le niveau des inégalités est bas lorsque le niveau de revenu est très bas. Pour une explication plus détaillée de la théorie de Kuznets. Url : http:/ /oeconomia.over-blog.com/la-courbe-de-kuznets-l-evolution-des-inegalites.html, consulté le 13 juin 2023.

Encadré 2 : Croissance du revenu et inégalités au niveau mondial : la courbe de l'éléphant

Surnommée ainsi à cause de sa forme, la courbe de l'éléphant est un graphique qui retrace la croissance du revenu mondial à des points différents de la distribution des revenus sur une période allant de 1988 à 2008. Elle a été réalisée par Branko Milanovic et popularisée dans son ouvrage *Global inequality : A new approach for the age of globalization.*

Figure 4: La courbe de l'éléphant de la croissance mondiale des revenus

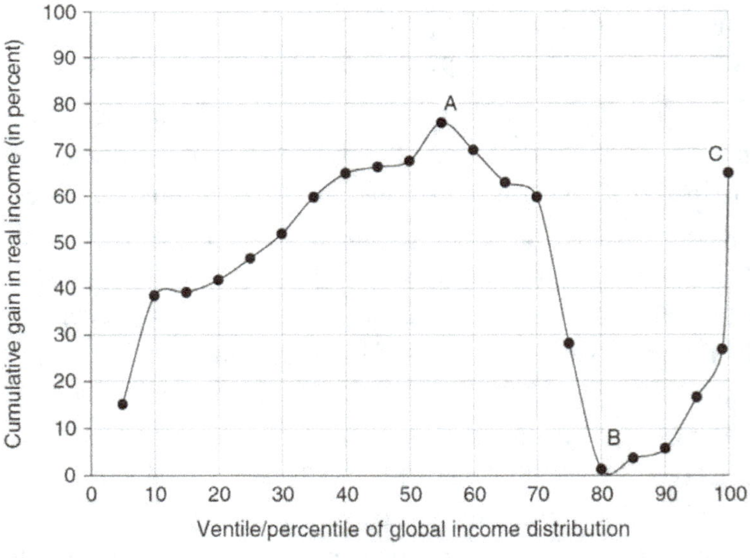

RELATIVE GAIN IN REAL PER CAPITA INCOME BY GLOBAL INCOME LEVEL, 1988–2008

L'interprétation qu'apporte Branko Milanovic (2016) à cette courbe met l'accent sur trois points essentiels dans le graphique (A, B et C), où la croissance du revenu mondial est à son plus haut ou à son plus bas niveau.

Le point A équivaut à peu près à la médiane de la distribution mondiale des revenus. Les personnes qui se trouvent à ce niveau se caractérisent par un taux de croissance du revenu réel le plus élevé durant la période 1988-2008. Les personnes concernées par cette hausse du revenu mondial proviennent, en grande partie, des pays émergents d'Asie (9 cas sur 10), essentiellement la Chine, mais aussi l'Inde, la Thaïlande, le Vietnam et l'Indonésie.

Pour ce qui est du point B (un niveau plus élevé sur l'échelle de la distribution), il est à noter une stagnation des revenus avec une croissance proche de zéro au courant des 20 années que couvre le graphique. Les personnes appartenant à ce groupe sont pour la plupart issues des classes moyennes inférieures des économies riches de l'OCDE, en particulier les anciens pays industrialisés d'Europe Occidentale, d'Amérique du Nord, d'Océanie et le Japon.

Quant au point C, il correspond à ceux qui sont très riches (les 1% les plus riches au niveau mondial). Leurs revenus réels ont connu une croissance substantielle durant la période étudiée et les personnes appartenant à ce groupe proviennent en grande majorité des pays riches et plus particulièrement des Etats-Unis qui concentrent à eux seuls 50% des personnes appartenant à ce groupe.

Cette analyse met en évidence des trajectoires différentes entre les anciens pays industrialisés et les pays émergents d'Asie ; ce qui permet, selon Branko Milanovic, de déterminer les gagnants (les classes moyennes et pauvres d'Asie) et les perdants de la mondialisation (les classes moyennes inférieures des pays riches).

Source : Dlia A. et Ihnach H., 2018 : 17.

1.5. Objectifs du développement durable (ODD)

1.5.1. Définition et principes structurants

Les ODD constituent un cadre mondial de développement. Les sites internet des Nations Unies (NU) et du Programme des Nations Unies pour le Développement (PNUD)[8] donnent la structure détaillée des ODD ainsi que les principes structurants. Selon le PNUD, les ODD sont définis comme un ensemble d'objectifs au niveau mondial. Ils ont été adoptés par les Nations Unies en 2015 et sont un appel mondial à agir pour éradiquer la pauvreté, protéger la Planète et faire en sorte que tous les êtres humains vivent dans la paix et la prospérité d'ici à 2030. Les 17 ODD sont intégrés car les interventions dans un domaine affecteront les résultats dans d'autres. In fine, le développement doit équilibrer les aspects sociaux, économiques et environnementaux.

Les pays se sont engagés à accélérer les progrès pour ceux qui sont le plus en retard. Les ODD sont conçus pour mettre fin à la pauvreté, à la faim, au SIDA et à la discrimination à l'égard des femmes et des filles. La créativité, le savoir-faire, la technologie et les ressources financières de toute la société seront nécessaires pour atteindre les Objectifs dans tous les contextes[9].

L'Agenda 2030 définit le Programme de développement durable et s'organise autour des « 5P » dans la mesure où il est au service de la planète, des populations, de la prospérité, de la paix et des partenariats. Les 17 objectifs, décomposés en 169 cibles plus précises, en forment le cœur et décrivent l'horizon idéal, pour 2030, d'un développement durable supposant autant la justice sociale

---

[8] Qu'est-ce que les Objectifs de développement durable ? Url : https://www.undp.org/fr/sustainable-development-goals, consulté le 15 mars 2022.

[9] Ibid.

que la croissance économique, la paix et la solidarité que la préservation des écosystèmes[10].

L'Agenda 2030 est transversal. Son ambition globale se traduit aussi par sa **transversalité** et par la reconnaissance des liens entre les différentes dimensions du développement. Chaque ODD fait ainsi référence aux autres objectifs à travers l'intitulé de ses cibles. Par exemple, on retrouve les enjeux environnementaux dans des cibles relatives à la lutte contre la pauvreté, l'agriculture, la santé, l'éducation ou la croissance. À l'inverse, les ODD environnementaux mettent l'accent sur les questions d'accessibilité, notamment aux personnes les plus vulnérables. La mise en œuvre de l'Agenda 2030 doit donc prendre en compte ces connexions ou « interrelations » entre les différents objectifs (qu'ils soient positifs ou négatifs). Par exemple, en agissant sur l'ODD 11 (ville), on peut également agir en faveur de l'ODD 5 (égalité femmes-hommes). Une approche genrée de l'aménagement de la ville peut améliorer la sécurité des femmes dans les espaces publics ou les transports.

1.5.2. Avancées des ODD par rapport aux OMD

Les ODD sont très ambitieux comme objectifs et se différencient des Objectifs du Millénaire pour le Développement (OMD) par l'intégration pleine et entière des trois volets (social, économique et environnemental) du développement durable. Les OMD étaient à l'origine une trouvaille du Comité d'Aide au Développement (CAD) de l'OCDE : des objectifs pour l'aide internationale afin de remobiliser l'opinion en faveur de l'APD. L'idée avait connu une bonne fortune et avait été reprise par Kofi Annan en 2000 pour la communauté

---

[10] Présentation : origines et principes de l'Agenda 2030. Url : https://www.agenda-2030.fr/agenda-2030/presentation/article/presentation-origines-et-principes#Origine, consulté le 15 mars 2022.

internationale entière lors du Sommet du Millénaire. Cette approche top-down avait sans doute constitué un handicap, au moins pendant les premières années (Hubert de Milly (2015)).

Contrairement aux OMD, les ODD couvrent l'ensemble des enjeux du développement durable à travers 169 « cibles » (climat, agriculture, éducation, égalité des sexes, paix…). Et chaque ODD traite des trois dimensions du développement durable : économique, social et environnemental. Autre changement : l'Agenda 2030 inclut de nouveaux thèmes comme la gouvernance et les inégalités. Il permet en plus de renforcer les approches transversales (climat, question du genre…) et de conforter les approches sectorielles (éducation, santé…). Des objectifs universels et dépendants les uns des autres valent tout autant pour les États-Unis que pour le Yémen ou le Mali. Et pour les pays développés, il s'agit à la fois d'atteindre les ODD sur leur propre territoire et d'aider les pays en développement à faire de même. Cette vision partagée par l'ensemble de la planète sur la direction à prendre pour les 15 prochaines années est ambitieuse. Elle invite à la mobilisation de tous (États, ONG, collectivités locales, entreprises et citoyens) pour répondre aux défis communs à travers des solutions communes.

Les ODD ont une plus grande légitimité. Leur rédaction est issue d'une mobilisation considérable – les Nations unies parlent de plus d'un million de personnes consultées – puis d'un processus de négociation très bien orchestré, conciliant groupes d'experts très ouverts et inévitables empoignades onusiennes finales entre diplomates newyorkais perpétuant les clivages traditionnels entre pays du G77 et de l'OCDE (Milly H. de, 2015).

En plus de cette meilleure légitimité, les ODD répondent aux critiques précédentes sur la faible prise en compte des aspects environnementaux, sur l'absence de la gouvernance et sur le manque d'interactions entre objectifs. En définitive, les nouveautés par rapport aux OMD sont considérables.

La portée universelle des ODD : ils sont « globaux (c'est-à-dire mondiaux) par nature et applicables de façon universelle », aussi bien par les pays dits développés que par les pays dits en développement. Ils répondent à des défis communs, à travers des solutions communes. Les OMD, même s'ils étaient déjà universels pour certains (ex : la biodiversité et l'égalité hommes-femmes), s'appliquaient avant tout aux pays en développement.

Le caractère « intégré » des dimensions économique, sociale et environnementale : cette intégration a été systématisée jusqu'au niveau de chaque ODD. Par exemple, l'ODD 8 sur la croissance et l'emploi, ou bien l'ODD 9 sur l'industrialisation, les infrastructures et la recherche, qui forment le pilier de la dimension économique, prennent soin de faire aussi apparaitre leurs aspects sociaux, environnementaux et institutionnels. Cela explique en grande partie le nombre élevé de cibles (169).

L'ambition de certains objectifs : l'OMD 1 proposait de réduire la pauvreté de moitié, l'ODD 1 vise à l'éliminer. Il en est de même pour la faim. Les objectifs sont dans l'ensemble plus ambitieux que dans les OMD.

L'exhaustivité des thématiques traitées : avec 17 ODD, assez complexes pour certains, on retrouve presque tous les thèmes qui ont fait, ces dernières années, l'objet de discussions internationales, notamment dans le monde de l'aide au développement. Mais surtout, avec autant de priorités, c'est la notion même de priorité qui doit être reconsidérée. Il s'agit sans doute là de la principale conséquence des ODD.

Enfin, **certaines thématiques sont nouvelles** : la lutte contre les inégalités et pour l'inclusion ; l'énergie ; la production et la consommation durables ; les océans et la gouvernance. La lutte contre les *inégalités* constitue une inflexion majeure dans la philosophie du développement, que ce soient les inégalités entre pays ou à l'intérieur des pays. Et si les propositions phares d'Addis-Abeba, telles qu'un niveau de dépense sociale minimale à atteindre ensemble par l'Etat et par les bailleurs ont été perdues en route, la cible 10.1 des ODD donne un bon exemple de cible bien définie quantitativement et fixe un cap relativement ambitieux. L'ODD 16 inclut la paix et la sécurité qui, jusqu'à présent n'étaient que très partiellement prises en compte dans l'APD (Milly H. de, 2015).

1.5.3. Structure détaillée des ODD

L'Agenda 2030 a fusionné l'agenda du développement et celui des Sommets de la Terre. Par rapport à l''agenda du développement, le concept de « développement », apparu après la seconde guerre mondiale et dans le contexte de la décolonisation, visait le « rattrapage » du « Sud » vis-à-vis du « Nord ». En 2000, les Nations unies avaient adopté huit (8) Objectifs du Millénaire pour le Développement (OMD) à destination des « pays du Sud », recouvrant les principaux enjeux humanitaires pour l'horizon 2015. Pendant quinze ans, ces OMD ont structuré la solidarité mondiale et la mobilisation de l'ensemble des acteurs impliqués dans l'aide au développement. Ils ont permis d'enregistrer des améliorations notables, bien qu'inégales et insuffisantes, notamment dans les domaines de la scolarisation universelle, de la diminution de la mortalité infantile et maternelle et dans la lutte contre les grandes pandémies.

Les ODD sont issus d'une résolution du sommet des Nations Unies. Lors de ce sommet, il a été adopté le document final du programme de développement pour l'après-2015 : « *Transformer notre monde : le Programme de développement durable à l'horizon 2030* ». Dans son préambule, il est indiqué que le *Programme de développement durable est un plan d'actions pour l'humanité, la planète et la prospérité. Il vise aussi à renforcer la paix partout dans le monde dans le cadre d'une liberté plus grande*.

C'est un document qui est fondé sur le respect du droit international. Il repose sur des buts et principes énoncés dans la Charte des Nations Unies, notamment le plein respect du droit international. Il se fonde sur la Déclaration universelle des Droits de l'Homme, mais aussi sur les instruments internationaux relatifs aux Droits de l'Homme, la Déclaration du Millénaire et le Document final du Sommet mondial de 2005. Il s'inspire d'autres instruments, tels que la Déclaration sur le droit au développement (Rapport Nations Unies, 2015 : 4).

En effet, les 17 ODD et leurs 169 cibles témoignent de l'ampleur de ce nouveau Programme universel et montrent à quel point il est ambitieux. Ils s'inscrivent dans le prolongement des Objectifs du Millénaire pour le Développement (OMD) et visent à réaliser ce que ceux-ci n'ont pas permis de faire. Ils visent aussi à réaliser les droits de l'homme pour tous, l'égalité des sexes et l'autonomisation des femmes et des filles. Intégrés et indissociables, ils concilient les trois dimensions du développement durable : économique, sociale et environnementale. L'Agenda 2030 pour le développement durable a suscité un sentiment d'urgence et un regain d'intérêt pour une coordination de la lutte contre la pauvreté et les inégalités au niveau mondial (Oxfam, 2017).

Les 17 ODD, leurs cibles et leurs indicateurs sont donnés sur le site de la division des statistiques des Nations Unies[11]. À titre de rappel, les 17 ODD sont définis dans l'encadré suivant :

---

[11] United Nations Statistics Division (UNSD), SDG Indicators Metadata repository. Url: https://unstats.un.org/sdgs/metadata/, consulté le 11 avril 2022.

Encadré 3 : Liste des 17 Objectifs du Développement durable

1	Éliminer la pauvreté sous toutes ses formes et partout dans le monde.
2	Éliminer la faim, assurer la sécurité alimentaire, améliorer la nutrition et promouvoir l'agriculture durable.
3	Permettre à tous de vivre en bonne santé et promouvoir le bien-être de tous à tout âge.
4	Garantir une éducation de qualité inclusive et équitable et des possibilités d'apprentissage tout au long de la vie pour tous.
5	Parvenir à l'égalité entre les sexes et autonomiser toutes les femmes et les filles.
6	Garantir l'accès de tous à l'eau, l'assainissement et assurer une gestion durable des ressources en eau.
7	Garantir l'accès de tous à des services énergétiques fiables, durables, modernes et abordables.
8	Promouvoir une croissance économique soutenue, partagée et durable, le plein emploi et un travail décent pour tous
9	Bâtir une infrastructure résiliente, promouvoir une industrialisation durable qui profite à tous et encourager l'innovation.
10	Réduire les inégalités dans les pays et d'un pays à l'autre.
11	Faire en sorte que les villes et les établissements humains soient ouverts à tous, sûrs, résilients et durables.
12	Établir des modes de consommation et de production durables
13	Prendre d'urgence des mesures pour lutter contre les changements climatiques et leurs répercussions.
14	Conserver et exploiter de manière durable les océans, les mers et les ressources marines aux fins de développement durable.
15	Préserver et restaurer les écosystèmes terrestres en veillant à les exploiter de façon durable.
16	Promouvoir l'avènement de sociétés pacifiques, l'accès de tous à la justice et des institutions efficaces.
17	Renforcer les moyens du partenariat mondial pour le développement durable et le revitaliser.

1.5.4. Prise en compte des inégalités sociales dans la vision des ODD

Les inégalités sont prises en compte dans l'Agenda 2030 à travers deux objectifs :

Objectif 5 - Parvenir à l'égalité des sexes et autonomiser toutes les femmes et les filles : L'inégalité des sexes constitue l'un des principaux obstacles au développement durable, à la croissance économique et à la réduction de la pauvreté. Grâce à l'OMD 3, qui consistait à assurer l'égalité des sexes et à renforcer le rôle des femmes, des progrès notables ont été accomplis en matière de scolarisation des filles et d'intégration des femmes sur le marché du travail. La thématique de l'égalité des sexes a ainsi acquis une grande visibilité. Toutefois, en raison de l'étroitesse de cet objectif, des thèmes importants comme la violence faite aux femmes, les inégalités économiques et la faible participation des femmes dans les structures décisionnelles politiques n'ont pas été abordés.

L'objectif 5 vise à encourager l'égalité des chances entre les hommes et les femmes dans le développement économique, à éliminer toutes les formes de violences faites aux femmes et aux filles, y compris le mariage précoce et le mariage forcé ainsi qu'à promouvoir des possibilités de participation équitables à tous les niveaux.

Objectif 10 - Réduire les inégalités dans les pays et d'un pays à l'autre : l'Objectif de développement durable n°10 se décline autour de cibles (sous-objectifs) à atteindre d'ici à 2030 et d'indicateurs chiffrés qui permettent de mesurer l'état des progrès réalisés.

Les inégalités mondiales sont très importantes et constituent l'un des principaux obstacles au développement durable et à l'élimination de la pauvreté. Au cours des dernières années, les inégalités ont augmenté dans de nombreux pays. Or, elles empêchent certains groupes sociaux de participer pleinement à la vie sociale, culturelle, politique et économique et d'apporter une contribution utile dans ces domaines. Raison pour laquelle l'objectif 10 consiste à réduire les inégalités dans les pays et d'un pays à l'autre. Concrètement, il vise à augmenter durablement les revenus des personnes les plus pauvres à travers le monde, à développer leur autonomisation et à favoriser leur intégration sociale, économique et politique d'ici à 2030. L'égalité des chances sera favorisée au moyen de l'élimination des lois, des politiques et des pratiques discriminatoires. L'objectif 10 prône une migration et une mobilité ordonnées et sans danger, notamment par la mise en œuvre d'une politique migratoire responsable. Il favorise une meilleure représentation des pays en développement au sein des institutions économiques et financières internationales et permet à ce que leur voix soit mieux entendue dans les processus décisionnels (Agenda 2030).

L'ODD 10 vise à réduire les inégalités dans les pays et d'un pays à l'autre. Il comprend 10 cibles, dont 7 à l'horizon 2030 et 3 de mise en œuvre. Les indicateurs liés à ces cibles sont au nombre de 10. Selon Oxfam (2017), les dirigeants mondiaux ont souscrit aux Objectifs de Développement durable (ODD) qui s'appliquent à tous les pays, quel que soit leur niveau de développement. L'engagement de l'ODD 10, combiné à la large reconnaissance du problème des inégalités, est salutaire. Toutefois, les réponses apportées restent très insuffisantes. Aux niveaux international, national et dans de nombreuses entreprises, la priorité reste limitée à la croissance du PIB et des profits, renforcée par des mises en garde contre toute tentative de détournement de cet objectif au motif de préoccupations relatives aux inégalités (Bourne R. et Snowdon C., 2016).

1.5.5. Processus ODD au niveau national

Au Mali, le suivi-évaluation des ODD s'effectue à travers le Cadre Stratégique pour la Relance Economique et le Développement Durable (CREDD). Un dispositif de pilotage et de suivi-évaluation du CREDD et des ODD a été mis en place suivant **le Décret N°2018-0623/PM-RM du 08 août 2018** afin d'assurer une coordination unique, stratégique et opérationnelle des deux processus. Ce dispositif se fonde sur les principes directeurs suivants:

(i) approche participative et gouvernance inclusive ;
(ii) développement régional ;
(iii) transparence ; et
(iv) gestion axée sur les résultats.

Ce dispositif privilégie ces principes avec les différentes parties prenantes (Administration publique, Secteur privé, Société civile, Collectivités territoriales, Partenaires Techniques et Financiers). Il repose sur un ensemble d'indicateurs couvrant tous les domaines et secteurs contenus dans le Cadre de Mesure de Performance et dans le Cadre des Résultats du CREDD élaborés par la CT-CSLP dans le but d'améliorer le mécanisme de collecte, de traitement et d'analyse des données par les parties prenantes au processus de revues. Ces deux outils permettent de focaliser les travaux des revues sur les indicateurs/résultats de développement atteints, mais surtout sur ceux non atteints afin de dégager des mesures correctives.

Ce dispositif unique de mise en œuvre et de suivi-évaluation du CREDD et des ODD comprend cinq niveaux :

- ***un niveau d'orientation stratégique***, à travers le Comité national d'Orientation Stratégique présidé par le Premier ministre ;
- ***un niveau de pilotage politique et technique*** conduit par le Comité de pilotage, présidé par le ministre de l'économie ;
- ***un niveau de concertation avec les partenaires techniques* et financiers**, à travers la Commission

Mixte Mali-Partenaires techniques et financiers, présidé par le ministre chargé de l'Economie;

- ***un secrétariat technique présidé par la Cellule Technique du Cadre Stratégique de Lutte contre la Pauvreté,*** en collaboration avec l'Agence de l'Environnement et du Développement durable ;
- et ***un niveau régional et local*** à travers les CROCSAD, CLOCSAD et CCOCSAD.

La coordination de l'ensemble du dispositif de pilotage du Cadre stratégique pour la Relance économique et le Développement durable el des Objectifs de Développement durable (ODD) est assurée par le ministre chargé de l'Economie.

1.5.6. Cohérence entre les ODD et les priorités nationales

Depuis le lancement des ODD en janvier 2016, le gouvernement du Mali a mis en place un processus d'alignement et d'intégration des ODD dans les politiques publiques. Ce processus a abouti, après différents ateliers et exercices de priorisation, à une prise en compte des ODD dans le CREDD 2019-2023.

Selon le rapport sur la situation de référence des ODD, ce sont les 16 ODD ainsi que les métadonnées y référant qui ont été considérés. L'ODD 14 portant sur les ressources marines et les écosystèmes maritimes n'est pas pris en compte dans la mesure où le Mali est un pays continental. De façon générale, les principaux indicateurs présentés sont ceux pour lesquels les données statistiques nécessaires à leur renseignement ont été obtenues. Au total, sur les 169 cibles et 241 indicateurs ODD originels, 103 cibles et 156 indicateurs ont été recensés. En effet, 78 des 103 cibles ont été priorisées, 90 cibles renseignées et 13 cibles non renseignées. Ce sont 111 indicateurs qui ont été renseignés, sans compter les sous-indicateurs proxys considérés. Mais 45 indicateurs sont non renseignés sur les 156 indicateurs recensés.

Le Mali, faut-il le rappeler, a intégré les ODD dans le CREDD 2019-2023, à travers un processus de priorisation. En effet, l'évaluation intégrée rapide (ou RIA par son sigle en anglais) a été appliquée au Cadre Stratégique pour la Relance Economique et le Développement Durable (CREDD 2016-2018) et certaines stratégies sectorielles. L'analyse RIA a mis en évidence une relative bonne prise en compte des ODD dans le CREDD avec 86 cibles intégrées sur 100 possibles, avec des lacunes importantes, notamment dans les ODD 4 sur l'éducation, 6 sur l'assainissement, 8 sur la croissance inclusive, 10 sur les inégalités, 12, 13, 15 sur la durabilité environnementale et 16 sur la gouvernance.

Le processus d'alignement et d'intégration de ces objectifs avec ceux de l'Agenda 2030 a été réalisé à travers l'organisation de trois ateliers par le Ministère de l'Economie et des Finances, à travers la Cellule technique du CSLP et avec l'appui technique et financier du PNUD sur :

(i) la mise en place d'un dispositif de suivi-évaluation performant et la théorie du changement ;
(ii) l'intégration des ODD sur la base de l'outil RIA (Evaluation Intégrée Rapide) du PNUD ; et
(iii) l'opérationnalisation de l'alignement.

Les résultats de ces travaux ont permis la priorisation de 77 cibles ODD dont 8 pour l'axe 1, 4 pour l'axe 2, 35 pour l'axe 3, 19 pour l'axe 4 et 17 pour l'axe 5. Les cibles 16.3 et 16.4 se retrouvent à la fois dans les axes 1 et 2. Il en est de même pour les cibles 17.3 et 17.6 entre les axes 1 et 3, tout comme la cible 12.2 entre les axes 3 et

4, et la cible 11.4 entre les axes 3 et 5 (CREDD 2019-2023 : 136).

À titre de rappel, le CREDD 2019-2023 est bâti autour 5 axes stratégiques que sont :

AXE STRATEGIQUE 1 : « Consolidation de la démocratie et amélioration de la gouvernance » ;

AXE STRATEGIQUE 2 : « Restauration de la paix, de la sécurité et Renforcement du vivre ensemble » ;

AXE STRATEGIQUE 3 : « Croissance inclusive et transformation structurelle de l'économie » ;

AXE STRATEGIQUE 4 : « Protection de l'environnement et renforcement de la résilience au changement climatique » ;

AXE STRATEGIQUE 5 : « Développement du capital humain ».

II. PRINCIPALES POLITIQUES RELATIVES A LA REDUCTION DES INEGALITES SOCIALES AU MALI

Les principales orientations relatives à la réduction des inégalités sociales sont inscrites dans les axes stratégiques du Cadre Stratégique pour la Relance Economique et le Développement Durable (CREDD) 2019-2023, qui fait suite à celui de la période 2016-2018. Elles visent à améliorer l'accès de toutes les couches maliennes à des services sociaux de base de qualité, en favorisant un développement humain prenant en compte le dividende démographique. En effet, les politiques sectorielles dans les domaines de l'éducation, de la santé, de la protection sociale, de l'accès à l'eau potable, voire énergétique sont inscrites dans les axes 4 et 5. Ces orientations intègrent les priorités définies à travers les ODD et les politiques sectorielles. Le principal point commun de toutes les politiques est la prise en compte de la justice sociale qui vise à assurer à tous les Maliens et Maliennes, où qu'ils soient, l'accès à des services universels de qualité.

Toutefois, du fait de la crise commencée en 2012, la qualité et les niveaux d'accès des populations aux services sociaux de base connaissent des évolutions contrastées. En fait, le système de santé se caractérise par une situation sanitaire peu reluisante, une faible couverture sanitaire, un accès inégal aux soins de santé et des indicateurs de santé de la mère et de l'enfant en deçà des objectifs.

L'éducation et la formation professionnelle souffrent d'un problème de qualité et d'un difficile alignement avec les besoins de l'économie nationale en ressources humaines. L'autonomisation des femmes par leur insertion dans la vie économique, sociale et politique du pays connait des évolutions institutionnelles importantes mais devrait être sensiblement améliorée pour garantir l'égalité de genres.

La satisfaction de la demande et de l'offre de services publics de qualité est une condition pour accroître le consentement des contribuables à payer l'impôt. Celle-ci est une condition propice au développement économique, en offrant des opportunités économiques afin de réduire la pauvreté et les inégalités, qu'elles soient basées sur l'âge, le genre, le statut socio-économique, le lieu d'habitation. Sans nul doute, les inégalités constituent des obstacles à l'épanouissement de la population et affectent la mise en place d'une cohésion sociale durable comme facteur de paix et de développement (CREDD 2019-2023 : 16).

Dans cette étude, les principales politiques relatives à la réduction des inégalités sociales au Mali sont :

- les politiques éducative, sanitaire et de protection sociale (première section) ;
- la politique d'accès à l'eau potable, d'hygiène et d'assainissement (deuxième section) ;
- les politiques énergétique, d'urbanisation et d'habitat (troisième section) ; et
- la cohérence des politiques publiques (quatrième et dernière section).

2.1 Politiques éducative, sanitaire et de protection sociale

2.1.1 Politique éducative

Depuis le début des années 2000, le Mali a adopté différents documents de politique sectorielle en matière de formation (initiale et continue) des enseignants, de scolarisation des filles, d'éducation non formelle, d'enseignement secondaire technique et professionnel, de développement de la petite enfance, d'éducation spéciale, d'alimentation scolaire, de manuels scolaires et de matériels didactiques ainsi qu'une politique linguistique de construction citoyenne. L'opérationnalisation du Programme Décennal de Développement de l'Education (PRODEC I : 2001-2010) prorogé jusqu'en 2013, à travers la mise en œuvre des phases successives du Programme d'Investissements pour le Secteur de l'Education (PISE) prorogé jusqu'en 2017, a permis de mesurer les différentes réalisations du secteur. Pour une meilleure mise en œuvre du PRODEC, trois grandes composantes ont été identifiées :

(i) l'amélioration de l'accès et de la scolarisation ;

(ii) l'amélioration de la qualité de l'éducation ;

(iii) et l'amélioration de la gestion financière, matérielle et des ressources humaines.

C'est dans le cadre de l'amélioration de la qualité de l'éducation que le curriculum de l'enseignement fondamental a été élaboré. Le processus de développement du curriculum a conduit à la réalisation de différentes activités dont la rédaction et la mise à l'essai du curriculum niveaux I, II et III de l'enseignement fondamental. Ainsi, à partir de 2003, des séries de sessions de formation ont été organisées à l'endroit des enseignants, des Directeurs d'écoles, des Conseillers pédagogiques (CP) et des Directeurs des Centres d'Animation pédagogique (DCAP) pour une meilleure application dudit curriculum axé sur l'approche par les compétences (Keita M. K. 2018). À cet effet, il faut souligner que trois (3) types d'écoles coexistent au Mali :

- les écoles communautaires qui s'appuient surtout sur les communautés villageoises et les ONG ;
- les écoles publiques qui dépendent de l'Etat ;
- et les écoles privées.

Le système éducatif malien reste encore très inégalitaire. Le diagnostic du secteur de l'éducation et de la formation professionnelle, effectué en 2018, a permis de dégager un certain nombre d'enjeux et de défis importants à prendre en compte afin d'avoir une main d'œuvre potentielle de qualité. Les principaux axes stratégiques portent sur :

(i) l'amélioration de l'efficacité interne et externe du système éducatif ;

(ii) l'amélioration de la formation et de la gestion des enseignants ;

(iii) la promotion de l'accès équitable et inclusif à une éducation de base de qualité pour tous ;

(iv) le renforcement de la gouvernance du secteur ;

(v) et le renforcement de la résilience du secteur.

Le Gouvernement du Mali, dans le cadre de la refondation de son système éducatif, a ainsi entrepris l'élaboration du PRODEC II : 2019-2028, prenant en compte les objectifs du CREDD et en assurant une cohérence avec l'ODD 4 de l'Agenda 2030. Ce nouveau programme est structuré autour de onze (11) chapitres.

Le premier chapitre traite du contexte global de développement du pays dans lequel s'inscrit le système éducatif. L'accent est mis principalement sur les éléments contextuels les plus importants qui sont susceptibles de structurer l'offre et la demande de services éducatifs dans le pays, à savoir :

(i) le contexte politique et sécuritaire en prenant en compte la crise ;

(ii) le contexte social avec la décentralisation ; et

(iii) le contexte démographique et macroéconomique afin d'identifier les contraintes qui pèsent sur le système ainsi que les marges de manœuvre dont il dispose.

Le deuxième chapitre pose le diagnostic du secteur de l'éducation et de la formation professionnelle fondé sur un état des lieux caractérisé principalement par :

(i) l'augmentation des effectifs scolarisés à tous les niveaux d'enseignement et dans certaines filières de formation professionnelle pour une couverture scolaire globalement faible ;
(ii) une tendance baissière en revanche des effectifs d'apprenants/auditeurs pris en charge par l'éducation non formelle ;

(iii) l'augmentation significative de la proportion de redoublants et d'élèves en situation d'abandon, constituant de facto un gaspillage de ressources ;
(iv) une proportion assez élevée d'enfants hors de l'école, majoritairement des filles et résidant surtout en milieu rural ;
(v) la faiblesse des acquisitions chez les élèves et apprenants liée aux problèmes d'allocation d'enseignants et de ressources pédagogiques ;
(vi) et une insertion professionnelle difficile pour les diplômés du système éducatif.

Le troisième chapitre expose la vision des départements en charge de l'éducation et de la formation professionnelle à l'horizon 2028 qui s'articule autour des exigences de performance, d'inclusivité et de formation d'un citoyen – acteur de développement. Cette vision se fonde sur les principes directeurs de base édictés dans le cadre de la refondation du système éducatif. Les aspirations énoncées dans ce chapitre reflètent la volonté du Gouvernement de relever les défis majeurs auxquels le système éducatif national est confronté.

Le quatrième chapitre s'intéresse aux orientations stratégiques et aux principales réformes politiques envisagées. Ces axes de réforme sont :

(i) l'amélioration de l'efficacité interne et externe du système éducatif ;

(ii) l'amélioration de la formation et de la gestion des enseignants ;

(iii) la promotion de l'accès équitable et inclusif à une éducation de base de qualité pour tous ;

(iv) le renforcement de la gouvernance du secteur ;

(v) le renforcement de la résilience du secteur.

Ces réformes ne résument pas l'ensemble des politiques prévues dans le secteur de l'éducation et de la formation professionnelle. Elles en sont extraites et en constituent le cœur pour les différentes phases opérationnelles. Le document de programme se situe dans un contexte institutionnel transitoire. Il est basé sur une démarche de conduite du changement portant sur trois (3) modalités :

(i) la consolidation ou le déploiement de certaines actions déjà mises en œuvre dans le cadre du PRODEC 1 et du programme intérimaire de relance du secteur de l'Education et de la Formation professionnelle ;

(ii) l'expérimentation à petite échelle de certaines actions de réforme dans le but de préparer leur déploiement ;

(iii) l'approfondissement de la réflexion sur les actions de réforme pour lesquelles il est nécessaire de préciser les contenus ou de valider les options avant de les expérimenter ou de les mettre en œuvre.

Le cinquième chapitre traite des objectifs du nouveau programme décennal de développement de l'éducation et de la formation professionnelle (PRODEC 2) qui vise à assurer le droit des citoyens à une éducation et à une formation de qualité, à travers un système éducatif inclusif, mieux adapté, cohérent et fonctionnel. Cet objectif global est décliné par niveau d'enseignement :

(i) ***pour le développement de la petite enfance,*** le PRODEC 2 vise à assurer à tous les enfants une éducation préscolaire de qualité de manière à les préparer pour l'entrée au fondamental ;

(ii) ***pour les six premières années de l'enseignement fondamental,*** le PRODEC 2 vise à assurer à toutes les filles et à tous les garçons un accès et un achèvement de ce cycle tout en leur garantissant la maîtrise souhaitée des connaissances de base, y compris dans les zones de crise affectées ou défavorisées ;

(iii) ***pour les trois dernières années de l'enseignement fondamental,*** le PRODEC 2 prévoit d'assurer à toutes les filles et à tous les garçons un accès et un achèvement de ce cycle tout en leur garantissant la maîtrise souhaitée des connaissances de base, y compris dans les zones de crise affectées ou défavorisées.

(iv) ***pour l'enseignement secondaire général,*** le PRODEC 2 prévoit d'accroitre les capacités d'accueil dans le public tout en assurant une bonne transition des flux vers l'enseignement supérieur ;

(v) ***pour l'enseignement secondaire technique,*** le PRODEC 2 vise à en assurer la qualité à un coût abordable, en lien avec les besoins de l'économie ;

(vi) ***pour l'enseignement secondaire professionnel,*** le PRODEC 2 prévoit d'accroître l'offre de formation en développant des alternatives crédibles et attractives favorisant l'auto-entreprenariat et répondant aux besoins du marché du travail ;

(vii) pour l'enseignement secondaire normal, le PRODEC 2 prévoit d'en améliorer l'efficacité et la qualité en tenant compte des besoins de formation initiale et continue des enseignants du préscolaire, du fondamental et de l'éducation non formelle ;

(viii) ***pour l'enseignement supérieur,*** le PRODEC 2 prévoit d'en améliorer les capacités d'accueil, la gestion des flux tout en améliorant la qualité et l'efficacité pour la promotion d'un capital humain répondant aux besoins d'innovation et de développement du pays ;

(ix) ***pour la formation professionnelle,*** le PRODEC 2 prévoit de développer l'offre de formation en lien avec les besoins de l'économie et les potentialités locales, et d'en faire un pilier essentiel pour l'auto-entreprenariat et l'insertion socio-professionnelle ;

(x) ***pour l'éducation non formelle,*** le PRODEC 2 prévoit de prendre en charge non seulement les jeunes non scolarisés et déscolarisés, mais également les adultes analphabètes dans des formes alternatives d'apprentissage qui leur garantissent les compétences nécessaires à une meilleure insertion sociale et professionnelle.

Le sixième chapitre traite des principales orientations politiques du secteur qui s'articulent autour de certains thèmes structurants :

(i) la gestion des flux ;

(ii) la réduction des disparités et l'amélioration de l'équité ;

(iii) la gestion des enseignants (recrutement et allocation) ;

(iv) la réduction du redoublement ;

(v) le curriculum bilingue de l'enseignement fondamental ;

(vi) la politique de décentralisation/déconcentration de l'éducation ;

(vii) la politique nationale du manuel scolaire et du matériel didactique.

Le septième chapitre traite des différents programmes :

PROGRAMME N°1 : Amélioration de l'efficacité interne et externe du système éducatif. Ce programme vise principalement à améliorer le rendement interne du système et à favoriser l'employabilité des jeunes et l'insertion socio-professionnelle des sortants. Il comprend trois (3) sous-programmes :

(i) Sous-programme 1 : Amélioration de l'efficacité interne du système ;

(ii) Sous-programme 2 : Amélioration de l'employabilité des jeunes et de l'insertion socio-professionnelle des sortants ;

(iii) Sous-programme 3 : Mise en place d'un système d'évaluation et de contrôle qualité/certification des apprentissages.

PROGRAMME N°2 : Amélioration de la formation et de la gestion des enseignants. Ce programme vise à mettre à la disposition du système éducatif des enseignants qualifiés et en nombre suffisant. Il comprend trois (3) sous-programmes :

(i) Sous-programme 1 : Amélioration de la formation initiale des enseignants ;

(ii) Sous-programme 2 : Renforcement du dispositif de la formation continue du personnel enseignant ;

(iii) Sous-programme 3 : Renforcement du dispositif de recrutement et de gestion des enseignants.

PROGRAMME N°3 : Promotion de l'accès équitable et inclusif à une éducation de qualité pour tous. Ce programme vise principalement à :

(i) renforcer les capacités d'accueil du système éducatif par la construction et/ou la réhabilitation et l'équipement d'infrastructures scolaires et universitaires ;
(ii) renforcer les capacités d'accueil de la formation professionnelle par la construction et/ou la réhabilitation et l'équipement de centres de formation professionnelle.

Il comprend six (6) sous-programmes :

(i) Sous-programme 1 : Renforcement des capacités d'accueil à tous les niveaux ;

(ii) Sous-programme 2 : Scolarisation des enfants hors de l'école à travers le développement d'alternatives éducatives ;

(iii) Sous-programme 3 : Promotion de l'égalité et de l'équité d'accès à l'éducation pour tous ;

(iv) Sous-programme 4 : Intégration des écoles coraniques dans le système éducatif ;

(v) Sous-programme 5 : Promotion de l'éducation inclusive à tous les niveaux ;

(vi) Sous-programme 6 : Promotion de l'accès à l'éducation de base à travers des mesures spécifiques.

PROGRAMME N°4 : Renforcement de la gouvernance du secteur. Ce programme vise à assurer les conditions d'une gestion optimale des ressources humaines, matérielles et financières disponibles et mobilisables pour la mise en œuvre du nouveau programme. Il comprend trois (3) sous-programmes :

(i) Sous-programme 1 : Amélioration de la coordination, du pilotage et du suivi du secteur de l'éducation et de la formation professionnelle ;

(ii) Sous-programme 2 : Amélioration de la gestion des flux, des ressources humaines, financières et matérielles, y compris pédagogiques ;

(iii) Sous-programme 3 : Renforcement de la sécurité, du partenariat, du dialogue social et de la communication au sein des départements en charge de l'éducation et de la formation professionnelle.

PROGRAMME N°5 : Renforcement de la résilience du secteur. Ce programme vise à améliorer le mécanisme de prévention et de gestion des risques et vulnérabilités face aux conflits et aux catastrophes naturelles. Il comprend deux (2) sous-programmes :

(i) Sous-programme 1 : Evaluation de la résilience du secteur de l'éducation et de la formation professionnelle ;

(ii) Sous-programme 2 : Elaboration et mise en œuvre d'un plan de contingence pour le secteur de l'éducation et de la formation professionnelle.

Le huitième chapitre s'intéresse au cadre de suivi des résultats des cinq (5) programmes pour la première phase de mise en œuvre (2019-2022). L'atteinte des différents indicateurs d'effet et d'extrant, définis ci-après, devrait contribuer aux impacts recherchés à l'horizon 2028 :

(i) les compétences des élèves et des apprenants sont améliorées et les contenus de formation sont en adéquation avec les besoins de l'économie ;

(ii) le nombre d'enseignants qualifiés a augmenté pour couvrir les besoins du système ;

(iii) le taux de scolarisation a augmenté au niveau de tous les ordres et types d'enseignement, y compris en faveur des couches vulnérables ;

(iv) les capacités institutionnelles du secteur sont développées et le potentiel de gestion est renforcé ;

(v) un mécanisme de prévention et de gestion des risques et vulnérabilités face aux conflits et aux catastrophes naturelles existe.

Le neuvième chapitre traite du niveau de financement du secteur et questionne la pertinence de l'allocation intra-sectorielle des ressources au sein du système et de l'affectation des ressources entre les différents postes de dépenses. Il évalue aussi le coût actuel des services éducatifs, les résultats devant servir par la suite à apprécier la soutenabilité financière à moyen terme des perspectives de développement souhaitées ou anticipées du système dans le cadre du nouveau programme.

Le dixième chapitre traite des arrangements institutionnels de coordination stratégique et de pilotage du programme, du dialogue politique et social, des organes de mise en œuvre et de suivi-évaluation, dans un contexte marqué par le renforcement de la décentralisation et de la déconcentration. Il s'agit de :

(i) la coordination stratégique composée du :

- comité interministériel ;
- comité de pilotage ;
- secrétariat technique ;
- et des comités régionaux de coordination.

(ii) le dialogue politique et social constitué du/des :

- cadre partenarial ;
- commissions thématiques ;
- conseil supérieur de l'éducation ;

(iii) la mise en œuvre et le suivi-évaluation constitués des :

- structures de mise en œuvre ;
- mécanismes de suivi-évaluation.

Le onzième chapitre traite des risques et des mesures d'atténuation. Ce chapitre identifie un certain nombre de risques qui, par leur ampleur/degré, pourraient contrarier la réalisation du nouveau Programme Décennal de Développement de l'Education et de la Formation Professionnelle (PRODEC 2).

Deux catégories de risques sont identifiées : les risques généraux et les risques spécifiques. Les causes, les conséquences ou impacts, la notation et les mesures d'atténuation des risques identifiés sont définies et classées dans une matrice.

Le document de programme est assorti d'un ***Plan d'Actions Pluriannuel Budgétisé (PAPB)*** dont l'élaboration s'est référée à la structure du document de programme. Son élaboration a suivi trois (3) grandes étapes :

(i) les stratégies développées pour atteindre les objectifs poursuivis ont été déclinées chacune en activités devant être mises en œuvre au cours des quatre (4) prochaines années ;

(ii) le paramétrage et le calcul du coût par activité chaque fois que de besoin ;

(iii) la ventilation des coûts par année de mise en œuvre et par source de financement en se référant au document de programmation pluriannuelle de dépenses et le projet annuel de performance (DPPD-PAP), les projections du modèle de simulation financière, les documents de projets/programmes et l'évaluation des besoins de financement du programme.

2.1.2 Politique sanitaire

L'amélioration de l'état de santé de la population et la lutte contre le VIH demeurent au cœur des priorités du Gouvernement. Le Mali, faut-il le rappeler, a adopté le 15 décembre 1990 sa déclaration de Politique sectorielle de santé et de population basée sur l'approche programme, reconfirmée par la Loi d'orientation sur la santé n°02-049 du 22 janvier 2002. Cette dernière précise les grandes orientations sur l'amélioration de la santé des populations, l'extension de la couverture sanitaire, la recherche d'une plus grande viabilité et une meilleure performance du système de santé.

En termes d'orientations sectorielles, le Plan Décennal de Développement Sanitaire et Social (PDDSS) 1998-2007 a été mis en œuvre à travers deux programmes quinquennaux suivant l'approche sectorielle :

(i) le Programme de Développement Sanitaire et Social (PRODESS) I sur la période 1998-2002 ;

(ii) et le PRODESS II sur la période 2005- 2009. Le PRODESS II a été par la suite prolongé à 2011 pour l'aligner sur la période du CSCRP 2007-2011.

À la suite de l'évaluation de ce plan décennal, le programme couvrant la période 2014-2023 a été élaboré et adopté pendant la période de transition 2012-2013. Il a été mis en œuvre à travers sa 1ère tranche quinquennale, PRODESS III 2014-2018.

D'autres politiques et stratégies nationales ont été élaborées et adoptées. Il s'agit entre autres de :

(i) la Politique nationale de développement des ressources humaines ;

(ii) la politique pharmaceutique nationale ;

(iii) la Politique nationale des laboratoires de biologie médicale du Mali ;

(iv) la Politique nationale de nutrition ;

(v) la Politique nationale de financement de la santé pour la couverture universelle.

Plusieurs plans stratégiques et d'actions ont sous-tendu la mise en œuvre de ces politiques dont :

(i) le Plan stratégique national de la santé de la reproduction du Mali 2014-2018 assorti du Plan d'actions national de planification familiale (PF) et du Plan de sécurisation des produits de santé de la reproduction (PSPSR) ;

(ii) le Plan stratégique national pour le renforcement des laboratoires de biologie médicale au Mali 2017–2021 ;

(iii) le Plan d'actions multisectoriel de nutrition 2014-2018 ;

(iv) le Plan stratégique pour l'amélioration des conditions et pratiques d'hygiène dans les établissements de restauration collective et les points de vente des aliments sur la voie publique 2014-2018 ;

(v) le Plan stratégique pour la surveillance intégrée de la maladie et la riposte ;

(vi) et le plan d'actions multisectoriel pour la santé des adolescents et des jeunes 2017 – 2021, entre autres.

Les stratégies retenues dans le Plan décennal de développement sanitaire et social (2014 – 2023) visent :

(a) la réduction de la morbidité et la mortalité maternelle, néo-natale, infantile et infanto-juvénile ;
(b) la diminution de la morbidité et la mortalité liées aux maladies transmissibles et non aux modes de vie et aux conditions de travail ;
(c) la réduction des conséquences sanitaires des urgences liées aux désastres, crises et conflits et la minimisation de leur impact social et économique ;
(d) l'augmentation de l'offre et l'utilisation de services et produits de santé de qualité fournis par des ressources humaines qualifiées et équitablement réparties sur l'ensemble du territoire ;
(e) et le développement d'un système de financement efficace de la santé et de la protection sociale favorisant le bien-être des populations, en particulier des plus vulnérables (CREDD 2019-2023 : 93-94).

L'augmentation de l'offre et l'utilisation de services et produits de santé de qualité fournis par des ressources humaines qualifiées et équitablement réparties sur l'ensemble du territoire passeront par :

(i) l'extension de la couverture sanitaire conformément à la carte sanitaire avec des infrastructures, du personnel et des services de qualité à tous les niveaux ;
(ii) le renforcement des services et de la qualité des soins dans les structures de santé avec un accent sur les structures au niveau communautaire ;
(iii) l'adaptation continue des services de santé aux statuts et besoins des adolescent(e)s et des jeunes ;
(iv) l'extension de l'assurance maladie, de l'assistance médicale aux indigents, des services de médecine scolaire et du travail ;

(v) le développement et la promotion de la médecine traditionnelle ;
(vi) l'amélioration de la gestion du système de gestion des structures de santé ;
(vii) l'amélioration de la disponibilité et de l'accessibilité des médicaments essentiels ;
(viii) le renforcement de la chaine d'approvisionnement jusqu'au « dernier kilomètre » ;
(ix) le renforcement du contrôle qualité des produits pharmaceutiques et autres produits de santé ;
(x) la promotion et l'intensification des activités de contrôle du secteur privé de la santé ;
(xi) et la gestion optimale, rationnelle et équitable des ressources humaines de santé, y compris le niveau communautaire, la protection sociale et la promotion de la famille (CREDD 2019-2023 : 94-95).

2.1.3 Politique de protection sociale

La politique de protection sociale au Mali a connu des mutations importantes en fonction de l'évolution des contextes socio-politiques et institutionnels. C'est pourquoi les points de vue de beaucoup de spécialistes convergent vers trois phases d'évolution du système de protection sociale : de l'indépendance à 1990, de 1991 à 2001 et de 2002 à nos jours.

La période de l'indépendance a été marquée, d'une part, par le développement pendant la première République des centres sociaux orientés vers les domaines de l'éducation sanitaire, de l'économie familiale et de l'assistance aux personnes nécessiteuses et, d'autre part, le renforcement des structures existantes pendant la deuxième République avec la création de la Direction nationale des Affaires sociales en 1972 en lieu et place du

Secrétariat d'État aux Affaires sociales de la première République (RNDH 2014 : 95-96).

À partir de 1991, le système dit d'action sociale va connaitre une importante évolution sous l'influence de la Banque mondiale dans le souci de mettre l'accent sur la dimension sociale dans les stratégies de réduction de la pauvreté après le constat des effets sociaux dévastateurs des politiques d'ajustements structurels des années 80.

En 1993, la politique nationale de la solidarité a été adoptée. Elle s'articule autour de quatre (4) axes principaux :

- la répartition des fruits de la croissance économique ;
- la couverture des besoins fondamentaux des citoyens;
- le maintien de la justice sociale entre les acteurs sociaux ;
- et la solidarité entre les hommes d'une même Nation en évitant toute forme d'exclusion sociale.

En 2001, la politique nationale de développement social et de la solidarité fut élaborée à partir des orientations générales des assises de Ségou en matière de développement social. Cette politique repose sur les fondements politiques, sociaux, économiques et culturels du pays et a pour objectifs principaux le renforcement de la solidarité nationale et la lutte contre l'exclusion, la lutte contre la pauvreté et le renforcement de la protection sociale.

En 2002, les concertations entre les acteurs de développement social ont abouti à l'adoption d'une déclaration de politique nationale de protection sociale dont l'objectif général était de construire progressivement un système de protection contre les risques sociaux de tous les citoyens en général et des couches défavorisées en particulier. Il s'agit de risques tels que la maladie, la maternité, les accidents du travail, les maladies professionnelles, l'invalidité, le décès, la vieillesse et les charges familiales.

Le système de protection sociale du Mali comprend trois principales composantes : **la sécurité sociale, l'aide sociale et l'action sociale**. Sa mise en œuvre est assurée par les acteurs publics (l'Administration centrale et les services techniques régionaux et locaux en charge de la protection sociale) et privés (les organisations à but non lucratif : mutuelles, associations, fondations, sociétés coopératives, congrégations et autres groupements et les sociétés d'assurance).

Dans le cadre de la solidarité, de l'action humanitaire et de la protection sociale, les politiques et stratégies mises en œuvre sont, entre autres :

(i) la Politique nationale de solidarité ;

(ii) la Politique nationale de protection sociale soutenue par son plan d'actions, adoptée le 12 octobre 2016 ;

(iii) la Politique nationale de l'économie sociale et solidaire soutenue par son plan d'actions, adoptée le 09 octobre 2014 ;

(iv) la Politique nationale de l'action humanitaire et son plan d'actions ;

(v) le Plan stratégique de promotion socio-économique des personnes en situation de handicap ;

(vi) le Plan stratégique de promotion socio-économique des personnes âgées ;

(vii) la Stratégie nationale de financement de la couverture sanitaire universelle et son plan d'actions, adoptée le 19 septembre 2018 ;

(viii) la Loi sur le Régime d'Assurance Maladie Universelle (RAMU) adoptée par l'Assemblée nationale le 1er décembre 2018 ;
(ix) et les lois portant création de l'Office national des Pupilles en République du Mali (ONAPUMA) et de la Fondation pour la Solidarité.

L'extension de la couverture sociale se fera à travers :
(i) la réalisation du Régime d'Assurance Maladie universelle (RAMU, RAMED, mutuelles de santé) ;
(ii) une meilleure promotion des transferts sociaux (transferts monétaires, coupons, appuis productifs, construction/réhabilitation des moyens d'existence) en faveur des populations vulnérables ;
(iii) l'extension de la protection sociale au monde agricole et au secteur informel ;
(iv) et le développement des mécanismes permettant de renforcer l'efficacité et l'efficience dans la mise en œuvre des initiatives de protection sociale au profit des populations, particulièrement des couches les plus vulnérables (CREDD 2019-2023 :104).

2.2 Politiques d'accès à l'eau potable, d'hygiène et d'assainissement

(v) Dans le document du CREDD 2019-2023, le Mali ambitionne d'assurer le droit fondamental de l'homme à l'eau potable et à l'assainissement, sur la base de l'approche fondée sur les droits humains, en veillant notamment à prendre en compte les préoccupations des populations les plus pauvres et les plus vulnérables, au regard du niveau de pauvreté sur le plan national et particulièrement en milieu rural (CREDD 2019-2023 : 97).

Les orientations des politiques nationales de l'eau et de l'assainissement intègrent les mécanismes de participation et de redevabilité dans le cadre de l'Initiative « Assainissement et Eau pour Tous ». Il s'agit de satisfaire durablement les besoins en service d'eau potable, à travers :

(i) la réalisation de nouveaux systèmes d'adduction d'eau potable ;
(ii) la réhabilitation et l'optimisation de systèmes d'adduction d'eau potable existants ;
(iii) la gestion durable du service de l'eau potable ;
(iv) et la régulation du service de l'eau potable.

L'Etat du Mali cherche également à satisfaire les besoins en service d'assainissement, à travers :

(i) la réalisation d'ouvrages de gestion des excrétas ;
(ii) la collecte et la gestion des déchets liquides ;
(iii) la construction d'ouvrages et la gestion des boues de vidange ;
(iv) la collecte et la gestion des déchets solides ;
(v) la mise en œuvre de la stratégie Assainissement Total Piloté par les Communautés (ATPC) ;
(vi) et le lavage des mains au savon, la gestion de l'hygiène menstruelle en milieu scolaire, en milieu communautaire et dans les lieux recevant du public.

La politique nationale de l'eau vise à contribuer à la lutte contre la pauvreté et au développement durable en apportant des solutions appropriées aux problèmes liés à l'eau, afin que ceux-ci ne deviennent un facteur limitant le développement socio-économique. Le premier objectif spécifique est de satisfaire les besoins en eau, en quantité et en qualité, d'une population en croissance, ainsi que ceux des divers secteurs de l'économie nationale en développement, en veillant au respect des écosystèmes aquatiques et en préservant les besoins des générations futures.

En effet, le principe d'équité est l'un des 10 principes de la Politique Nationale de l'Eau (PNE). Il indique que « le droit d'accès à l'eau potable est reconnu par les textes législatifs fondamentaux de la République. Aussi, les différentes catégories de population doivent-elles être traitées de façon équitable pour l'accès à l'eau potable. De même, l'équité doit être recherchée dans la répartition des ressources en eau, leur utilisation économique, ainsi que dans les dispositions prises pour la protection et la gestion de ces ressources en eau. »

Le secteur de l'eau a toujours été l'une des priorités du Cadre Stratégique pour la Relance Economique et le Développement Durable (CREDD 2016-2018 et CREDD 2019-2023) qui a remplacé le Cadre Stratégique pour la Croissance et la Réduction de la Pauvreté (CSCRP 2012-2017).

Le programme d'activités de la Direction Nationale de l'Hydraulique, au titre de l'année 2018, s'est inscrit dans le cadre des perspectives d'atteinte, à court terme, des objectifs du Programme d'Actions Gouvernemental et, à moyen terme, des Objectifs de Développement Durable (ODD) à l'horizon 2030 qui visent à atteindre un accès universel à l'eau et à l'assainissement abordables et fiables (Rapports bilans DNH 2018, 2019).

Le Gouvernement a adopté en 2009 une politique nationale d'assainissement servant de document de référence dans le sous-secteur au Mali. Cette politique dont la relecture est beaucoup avancée se veut un cadre fédérateur et ambitionne de capitaliser les importants acquis. C'est ainsi qu'elle se focalisera sur six programmes dont la mise en œuvre permettra d'atteindre l'objectif d'assurer pour tous, un accès durable aux services d'assainissement en veillant au respect de l'équité et du genre. Cela permettra à coup sûr d'améliorer le cadre de vie des populations surtout avec l'espoir que les engagements pris lors du SWA (Eau et Assainissement pour tous) en 2015 par les plus hautes autorités du pays seront en grande partie honorés. Il s'agit d'allouer 0,2% du PIB à l'Hygiène et l'Assainissement et 5% du budget national à l'Assainissement et l'Eau. Ceci nécessitera :

(i) la mise en place d'un système efficace de contrôle de la qualité de l'air, des sols et des eaux ;
(ii) la gestion efficace de tous types de déchets ;
(iii) le respect des outils de planification urbaine ;
(iv) la gestion décentralisée et participative des ouvrages d'assainissement, en d'autres termes, le transfert de la gestion de certains ouvrages d'assainissement aux collectivités (CREDD 2019-2023 : 88).

2.3 Politiques énergétique, d'urbanisation et d'habitat

2.3.1 Politique énergétique

Pour le gouvernement du Mali, l'énergie est un secteur névralgique pour l'économie. La progression de la production et de la consommation d'énergie est un important indicateur du développement. Par conséquent, le développement économique du Mali, pays enclavé et sahélien, se trouve fortement tributaire de sa capacité à maitriser et promouvoir l'énergie, afin de la mettre à la disposition des populations et des différents secteurs socio-économiques.

La politique énergétique (PEN) vise à :

(i) mettre à la disposition des populations du pays, l'énergie en quantité suffisante, de qualité et aux moindres coûts ;
(ii) contribuer au développement durable du pays et à la réduction de la pauvreté à travers la fourniture

de services énergétiques abordables au plus grand nombre de la population, afin de promouvoir les activités socio-économiques, telles que l'industrie, le commerce, l'artisanat, le tourisme, les services, l'agriculture, les mines, l'élevage, la pêche, l'éducation et la santé ;

(iii) accroitre l'offre énergétique par le développement des ressources énergétiques du pays et notamment les énergies renouvelables (EnR), tout en ayant recours tant aux financements publics que privés ;

(iv) assurer, sur la base du principe de justice sociale, un accès à l'électricité pour tous les Maliens à l'horizon 2036 ;

(v) procéder aux extensions des réseaux interconnectés, au développement de mini-réseaux décentralisés et à la diffusion de systèmes autonomes tels que les kits solaires photovoltaïques ;

(vi) élaborer une planification énergétique à moyen/long terme ; et

(vii) favoriser le développement de la production d'électricité à base d'EnR (Document provisoire Pen Mali 2018).

La PEN 2018 s'aligne sur les axes stratégiques de la réforme économique du Gouvernement du Mali, visant à atteindre une croissance accélérée avec la participation du secteur privé. Cette réforme est basée sur :

i) le désengagement de l'Etat des activités productrices et la privatisation des entreprises publiques ;

ii) l'amélioration de l'environnement pour les affaires ;

iii) la modernisation des procédures administratives du secteur public ; et

(viii) la mise en place de nouveaux cadres législatifs et réglementaires dans les secteurs, qui visent à créer des conditions favorables à la participation du secteur privé (Document provisoire Pen Mali 2018).

2.3.2 Politique d'urbanisation et d'habitat

La population urbaine connait ces dernières années une forte progression. Cette urbanisation ne s'accompagne pas d'une croissance économique plus soutenue, ni d'une modification sensible de la structure économique (et des sources de croissance) ; les activités non agricoles ne se développant pas aussi vite que le rythme de l'urbanisation. Cette urbanisation rapide aura des effets négatifs sur les conditions de vie des ménages, si elle ne s'accompagne pas de mesure de gestion des villes, d'aménagement du cadre de vie et de renforcement des infrastructures de base, y compris de mobilité urbaine. Elle devra également favoriser un changement de la structure de production économique permettant le développement industriel et la spécialisation du travail, et faire des villes des pôles de développement par excellence avec une nette démarcation entre les villes et les campagnes.

Les stratégies pour faire de l'urbanisation une source de croissance consistent à :

(i) accroitre la qualité de vie dans les villes et saisir cette opportunité pour créer des emplois ; et
(ii) favoriser l'accès à un habitat décent et faire du développement urbain une source d'innovation (CREDD 2019-2023 : 103-104).

L'accès à un habitat décent sera favorisé à travers :
(i) l'extension de la politique des logements sociaux ;

(ii) l'amélioration de l'accessibilité aux matériaux de construction ;
(iii) la lutte contre la spéculation sur les terrains de construction ; et l'amélioration du système de financement de l'habitat(CREDD 2019-2023 : 103-104).

2.4 Cohérence des politiques publiques

2.4.1 Définition du concept

La cohérence des politiques est une notion pluridimensionnelle, tant en ce qui concerne les domaines d'actions des pouvoirs publics que les parties prenantes. Elle intéresse tous les domaines de l'action gouvernementale. Dans celui de la coopération pour le développement, elle s'applique aux modalités de collaboration entre les donneurs (bilatéraux et multilatéraux) et avec les pays partenaires au service d'objectifs communs, aux modalités de collaboration entre chaque organisme d'aide et les autres instances dans les capitales, et enfin aux moyens mis en œuvre pour promouvoir la coopération pour le développement au sein du CAD et auprès d'autres secteurs de l'OCDE (2022 : 39).

La cohérence des politiques publiques est un facteur essentiel de planification et de coordination de l'action publique. Elle permet de veiller à la synergie et à la complémentarité entre elles et d'assurer l'efficacité dans la mise en œuvre. La cohérence des politiques publiques permet de remédier en partie aux contraintes de ressources, notamment l'insuffisance des ressources et de renforcer la visibilité de l'action publique ainsi que la crédibilité de l'Etat.

2.4.2 Théorie de la cohérence et vision de la gouvernance

Une cohérence absolue des politiques implique que les fonctions de préférence des divers groupes puissent s'agréger en un choix collectif sans ambiguïté. Or, la théorie économique montre que c'est exactement l'inverse qui se passe : la règle de la majorité produit des résultats qui dépendent moins des préférences que des impératifs liés à la détermination de l'action à engager et à l'ordonnancement des votes[12]. Le « théorème d'impossibilité » de Kenneth Arrow veut en effet que, sous réserve de certaines hypothèses plausibles, seul un régime compétent de dictature absolue opérant dans un environnement stable puisse parvenir à une cohérence totale et systématique de ses politiques. D'autres chercheurs se sont ensuite penchés sur l'instabilité des coalitions de vote, les mécanismes d'échange de votes ou de faveurs et le bien-fondé du partage du pouvoir pour obtenir un équilibre (OCDE, 2004).

Selon l'OCDE, la formation d'un consensus passe par le règlement des dilemmes soulevés par l'action collective, lequel est particulièrement problématique au sein d'un groupe nombreux (phénomène de « passager clandestin »). D'où le recours à des commissions ou à des départements ayant juridiction dans un domaine spécifique. Ainsi, le découpage de problèmes complexes en segments gérables favorise une compartimentalisation de la prise de décision. En conséquence, la cohérence dans un domaine particulier risque de ne pouvoir être obtenue qu'au prix d'une incohérence entre domaines. Cela est d'ailleurs si fréquent que la cohérence des politiques est souvent regardée comme indissociable d'une approche « à

---

[12] K. J. Arrow (1963), Social Choice and Individual Values, Wiley, New York.

l'échelle de l'ensemble de l'Administration ». Ce genre de démarche requiert une bonne circulation de l'information entre départements, de même qu'une ferme impulsion des plus hautes sphères et des relations transparentes entre les unités spécialisées et l'instance souveraine. Il n'en reste pas moins que même une fois que des objectifs cohérents ont été définis et que des indicateurs de résultat précis ont été sélectionnés, il faut choisir entre différentes lignes d'actions. Ce choix est souvent soumis à diverses contraintes : manque de connaissances, pression du temps, capacités limitées d'analyse. Les liens de causalité entre les maillons de la chaîne de résultats utilisée dans les évaluations (intrants/produits/public/réalisations/impacts) sont rarement connus avec exactitude. Dans ces conditions, si l'on en croit la théorie, l'optimum ne pourra être atteint que si l'information et les ressources analytiques nécessaires à cet effet sont gratuites. De son côté, la doctrine de « l'ignorance rationnelle » veut qu'un comportement apparemment incohérent s'explique par une dissymétrie d'information, les coûts de traitement des données et les attitudes à l'égard du risque. Par ailleurs, la cohérence des résultats ne sera pas forcément vérifiée ex-post même si tout a été fait pour la garantir ex-ante : aussi bien conçues que soient les politiques, la cohérence n'est pas nécessairement acquise au niveau de la mise en œuvre car, dans le monde réel, une multitude de facteurs peuvent empêcher qu'elles produisent des résultats.

Pour ce qui concerne la dimension gouvernance, le suivi et l'évaluation sont deux éléments essentiels pour une gestion saine des affaires publiques. En l'absence de suivi, il est impossible de surveiller les performances. Et en l'absence d'évaluation, une vue simpliste de la cohérence risque de prévaloir, d'où des erreurs de jugement. Lorsque les décisions des pouvoirs publics témoignent d'un manque total de cohérence, il en résulte une perte de confiance de l'opinion publique, des tensions sociales et des gaspillages. Il est donc légitime de mesurer, au moyen d'indicateurs appropriés, la cohérence des politiques et des programmes publics. Dans une démocratie, les citoyens ne sauraient tolérer des incohérences inutiles, c'est-à-dire des décisions qui ne sont pas efficientes du point de vue du bien-être social, alors qu'il existe à l'évidence des options qui seraient avantageuses pour toutes les parties. Dès lors, pour des raisons théoriques et pratiques qui ne sont plus à démontrer, il est impossible de toujours parvenir à une totale cohérence. Des évaluations sont indispensables pour déterminer dans quelle mesure le niveau de cohérence effectivement atteint se rapproche du niveau possible compte tenu des circonstances. Autrement dit, la cohérence dans les affaires publiques est un idéal digne d'être poursuivi. Une définition précise des objectifs recherchés et une analyse rigoureuse des différentes lignes d'action envisageables n'en sont pas moins fondamentales pour l'appréciation des performances.

D'un côté, des incohérences involontaires peuvent se produire sous l'effet de facteurs qui échappent au contrôle des autorités, tandis que d'autres sont parfois délibérées, voire nécessaires, pour obtenir des résultats acceptables (par exemple, lorsque des arbitrages sont opérés pour laisser place à des objectifs contradictoires). D'un autre côté, l'incohérence peut avoir pour cause non un désaccord de principe sur la direction à prendre ou une incertitude quant aux liens entre les instruments d'une politique et les objectifs qui lui sont assignés, mais plus simplement l'ignorance, l'incompétence, la corruption ou l'asservissement aux intérêts acquis.

En vertu du principe de responsabilité, les gouvernants qui acceptent des incohérences inutiles, que ce soit involontairement, parce qu'ils sont mal informés ou incompétents par exemple, soit délibérément, parce qu'ils veulent privilégier une minorité aux dépens du plus grand nombre, doivent être censurés. C'est ainsi que lors des auditions sur le Watergate, le Sénateur Howard Baker a posé les questions suivantes : « Que savait-il ? Et quand l'a-t-il appris ? ». Ces deux questions sont incontournables chaque fois qu'un homme politique prend une décision qui influe directement ou indirectement sur le bien-être public. La compatibilité entre ce qu'un décideur sait (ou devrait savoir) et ce qu'il ou elle décide est le fondement même d'une prise de décision cohérente. Par conséquent, lorsqu'elle est conduite avec tolérance et discernement, la poursuite de la cohérence des politiques est une entreprise louable. Le respect du public implique qu'il y ait congruence entre ce qu'on sait des moyens d'assurer le bien-être collectif et ce que ceux qui sont au pouvoir choisissent de faire pour l'assurer. De ce fait, l'évaluation de la cohérence des politiques apporte une double contribution à l'amélioration du bien-être collectif. D'une part, elle incite à l'adoption de bonnes structures de gouvernance. D'autre part, elle favorise le choix, en tant que dirigeants, de personnes respectueuses des principes, dont les décisions sont dictées par l'intérêt général.

En résumé, la bonne gestion des affaires publiques appelle une prise de décision transparente, une formulation des politiques s'appuyant sur l'observation des faits et des dispositifs indépendants de suivi et d'évaluation permettant de savoir comment les principaux agents intervenant dans l'élaboration et la mise en œuvre des politiques s'acquittent de leurs obligations respectives, analysent les options qui s'offrent à eux, parviennent aux décisions qu'ils prennent et adoptent les mesures voulues pour leur donner suite, et ainsi, ce qui est fondamental, c'est de dissocier les incohérences délibérées des incohérences involontaires et les incohérences nécessaires des incohérences inutiles – au niveau aussi bien de la conception que de la mise en œuvre des politiques (OCDE, 2004 : 4-5).

2.4.3 Politiques publiques faiblement cohérentes

En 2022, le Centre d'Etudes et de Renforcement des Capacités d'Analyse et de Plaidoyer (CERCAP) a effectué une analyse de la cohérence des politiques publiques au Mali. Il ressort de l'étude que le système national de planification bénéficie de la volonté politique des plus hautes autorités du pays de le rendre le plus efficace possible, afin d'atteindre les objectifs fixés dans les différents documents de politiques. Le système est aussi fort de l'implication des acteurs non étatiques du secteur privé et de la société civile, de la désignation, pour chaque politique, d'une structure centrale chargée de la coordination de la mise en œuvre et de l'existence du CREDD, le cadre de référence de toutes les politiques publiques. L'existence d'un cadre réglementaire et institutionnel adéquat, y compris l'existence d'un manuel d'évaluation des politiques publiques, d'un cadre de renforcement de capacités en évaluation des politiques publiques constituent aussi des atouts pour le système. Les faiblesses pourraient résider, entre autres, dans la faible coordination et supervision du système, l'insuffisance de ressources et la faible culture d'utilisation de données statistiques.

Sur le plan de la cohérence, les résultats montrent que le niveau global de cohérence entre les politiques publiques du Mali se situe à 0, 411 (valeur de l'indice de cohérence obtenue) sur une échelle de -1 à 1. Autrement dit, il n'y a pas d'incohérence globale (valeur négative de l'indice) entre les politiques publiques du pays, même si ce cas a peu de chance d'arriver. Bien au contraire, le niveau de cohérence entre les politiques n'est pas négligeable, mais il n'atteint pas la moitié du chemin entre l'indépendance et la cohérence parfaite, c'est-à-dire entre 0 et 1. Comme on pouvait s'y attendre, le CREDD est la politique la plus en cohérence avec les autres politiques, suivi de la PNCD, la PNDEN et la PNP. Parmi les politiques les moins intégrées aux autres, la PFIMEF, la PFCMEF et la PNDPENF du secteur de l'éducation. L'indice de cohérence intra-sectorielle va de 0,46 à 1. Le secteur de l'Education a le plus faible niveau de cohérence avec un indice de 0,45, indiquant que les politiques du secteur sont peu cohérentes entre elles. Il est suivi par le secteur développement rural avec un indice de 0,6 juste devant le secteur SATFPSI (0,73). Les politiques de ces deux secteurs sont ainsi jugées cohérentes. Dans les autres secteurs où l'indice de cohérence intra-sectorielle est compris entre 0,75 et 1, les politiques sont jugées très cohérentes entre elles (CERCAP, 2022 : 10).

Parmi les couples de politiques privilégiés pour l'analyse de cohérence intersectorielle, les niveaux de cohérence sont généralement faibles à l'exception du couple (SDR, SICAEPIP) pour lequel l'indice de cohérence est de 0,54, indiquant que les politiques des 2 secteurs sont cohérentes entre elles. Pour les autres cas, la valeur de l'indice de cohérence intersectorielle se situe entre 0,19 et 0,4, indiquant que les politiques des secteurs sont peu cohérentes entre elles (CERCAP 2022 : 10).

III. FAITS STYLISES SUR LES INEGALITES SOCIALES

Différentes sources de données statistiques permettent d'apprécier l'évolution des indicateurs sociaux du Mali. Elles proviennent principalement des enquêtes du système statistique national. L'analyse de ces indicateurs laisse apparaitre d'importantes disparités, entre milieu urbain et milieu rural, entre les régions et les communes, entre les différents statuts dans la pauvreté (pauvre et non pauvre), entre les sexes, voire entre les profils professionnels, ainsi que les différents niveaux de scolarisation.

Depuis 2006, l'analyse des conditions de vie au niveau communal a toujours permis de calculer l'indice de développement pour chacune des 703 communes du Mali (avant la réforme sur le nouveau découpage administratif). Cet indice composite est une échelle de valeurs qui donne la mesure relative du niveau de développement économique et social des communes les unes par rapport aux autres. En général, les communes urbaines et celles du District de Bamako ont des indices nettement plus élevés que ceux des communes rurales. Cette partie de l'ouvrage traite :

- des inégalités de revenus dans le monde et au Mali (première section) ;
- des principales formes de privations des pauvres, des enfants et des femmes (deuxième section) ;
- de l'évolution des indicateurs de conditions de vie (troisième section) ; et
- de l'évolution des indicateurs de développement humain (quatrième et dernière section).

3.1 Inégalités de revenus dans le monde et au Mali

Au niveau mondial, on observe un accroissement des inégalités de revenus avec une accélération de leur croissance à partir des années 2000. En considérant les différentes régions du monde, on constate que les niveaux d'inégalités de revenus les plus faibles sont observés en Europe et en Chine. Par ailleurs, les niveaux les plus élevés sont observés au Moyen Orient et en Afrique sub-saharienne à laquelle le Mali appartient. En d'autres termes, les inégalités de revenus sont les plus fortes dans ces deux parties du monde. Par conséquent, des efforts de réduction de ces inégalités devraient être plus importants dans ces deux régions du monde (ODHD, 2020).

Les inégalités entre individus se mesurent en prenant en compte deux niveaux d'inégalités : à l'intérieur des pays et entre pays. On estime aujourd'hui qu'environ 70 % des inégalités de revenus à l'échelle mondiale sont imputables à ce second facteur : les inégalités entre pays. Autrement dit, les écarts entre les Nations sont plus importants que les écarts entre individus à l'intérieur des pays, d'autant que lesdites inégalités économiques ne sont qu'un volet des disparités internationales. Pour avoir un aperçu plus exhaustif des inégalités mondiales, il est également intéressant de considérer les inégalités sociales et écologiques (Boutaud A. (2010 : 10).

Les rapports sur les inégalités mondiales proposent une radiographie inédite des inégalités mondiales. Ils présentent les dernières données sur les écarts de revenu et de patrimoine à travers le monde ainsi que de nouveaux résultats sur les injustices liées au genre et aux inégalités environnementales.

Les inégalités mondiales semblent aussi fortes aujourd'hui qu'au début du XXe siècle, à l'apogée de l'impérialisme occidental. Ainsi, la part de revenu perçue par la moitié la plus pauvre de la population mondiale représente environ la moitié de ce qu'elle était en 1820, avant la grande divergence entre les pays occidentaux et leurs colonies. En d'autres termes, la route sera encore longue avant d'effacer les inégalités léguées par l'organisation très inégalitaire de la production mondiale entre le milieu du XIXe siècle et le milieu du XXe (Chancel L. et autres, 2022 : 6).

3.1.1 Indices d'inégalités dans le Monde

Les inégalités constituent une des marques du XXIe. Joseph Stiglitz (2012) dans son livre montre pourquoi notre système économique ne fonctionne plus pour la grande majorité de la population, pourquoi l'inégalité s'aggrave à ce point – du jamais vu depuis les années trente et quelles en sont les véritables conséquences. Son fil conducteur est clair : l'inégalité a un prix, elle est la cause et la conséquence de la faillite du système politique et alimente, dans notre système économique, une instabilité et une inefficacité qui l'aggravent à son tour. C'est ce cercle vicieux qui nous plonge dans l'abîme. Mais ce n'est pas tout : puisqu'il est flagrant que notre système économique ne peut rien pour la plupart des citoyens et que nos gouvernements sont globalement sous la coupe des intérêts privés, la confiance dans la démocratie va s'éroder. Et puisque nous comprenons peu à peu que nombre de nos pays ne sont plus ceux de l'égalité des chances et du *fair play*, c'est sans doute notre interprétation de la justice qui est menacé. Selon l'auteur, la situation actuelle n'est cependant pas fatale. Elle résulte d'une politique qui a modelé le marché pour qu'il avantage les plus riches. Stiglitz expose un programme exhaustif qui ouvre une nouvelle voie, celle d'une économie plus dynamique et d'une société plus équitable et égalitaire (Stiglitz J. E., 2012).

Selon Bernard BRET (2014), Stiglitz fait surtout un sévère réquisitoire contre le fonctionnement actuel de l'économie des Etats-Unis. En effet, l'analyse proposée a une portée générale sur les dérives du capitalisme financier. Premier constat : l'inégalité s'est fortement aggravée aux États-Unis au cours des trois dernières décennies, période durant laquelle les revenus des plus riches (dans un arrondi qui frappe les esprits, Joseph Stiglitz parle du 1 %) ont augmenté d'une façon choquante, alors que les conditions de vie des autres (les 99 %) ont stagné ou, pour les plus pauvres, se sont dégradées en valeur absolue. Le chômage, aux États-Unis et ailleurs, est le symptôme le plus grave de cette crise et de cette polarisation sociale, vers le haut pour une petite minorité et vers le bas pour la grande majorité. Joseph Stiglitz ne plaide pas pour une égalité absolue, sans doute utopique et dont l'efficacité économique reste à prouver. Il met au jour les mécanismes qui produisent l'inégalité excessive et dangereuse dans laquelle l'opinion publique voit une injustice et contre laquelle, dans plusieurs pays, s'élèvent les indignés (Bret B., 2014).

Selon le rapport mondial 2022, les inégalités globales, comme mesurées par le ratio T10/B50 entre le revenu moyen des 10 % les plus aisés sur le revenu moyen de la moitié la plus pauvre de la population, ont plus que doublé entre 1820 et 1910, de moins de 20 à plus de 40, avant de se stabiliser autour de 40 entre 1910 et 2020. Il est trop tôt pour dire si le déclin du ratio observé depuis 2008 va se poursuivre. Les revenus sont mesurés après opération des systèmes de pension et d'allocations de chômage et avant les taxes et les transferts. La part des revenus mondiaux revenant aux 10% des plus hauts revenus a fluctué autour de 50-60% de 1820 à 2020, tandis que la part revenant aux 50% des plus bas revenus a généralement stagné autour de 10% (14% en 1820, 7% en 1910, 5% en 1980, 6% en 2000, 7% en 2020). Les inégalités globales sont toujours restées très élevées, grandissant de 1820 à 1910 et ne montrant pas de tendance claire à long-terme après cette période (Chancel L. et autres, 2022 : 8).

Figure 5: Inégalités mondiales de revenus : rapport 10 % du haut / 50 % du bas, 1820-2020

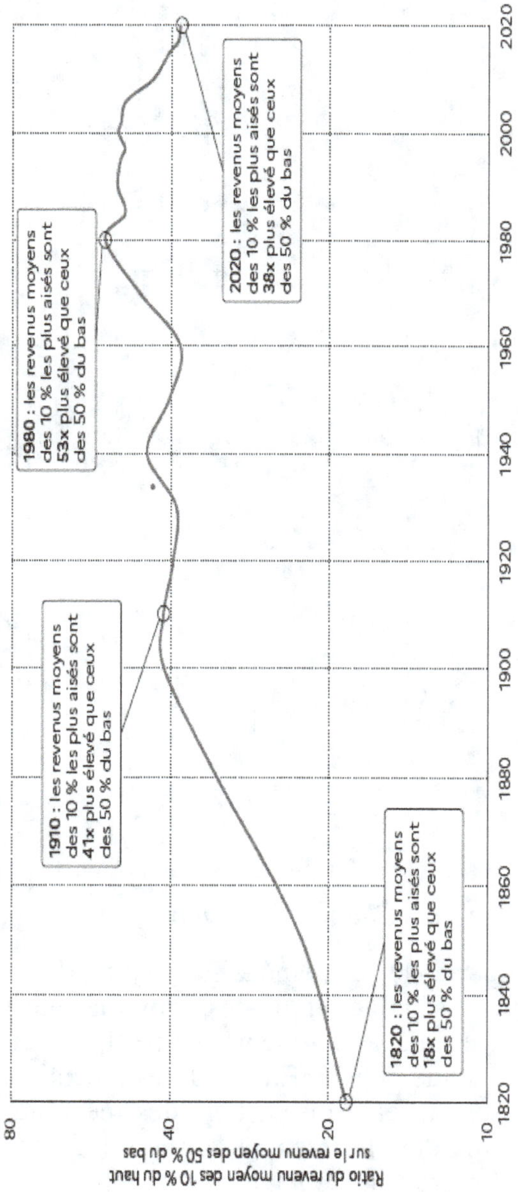

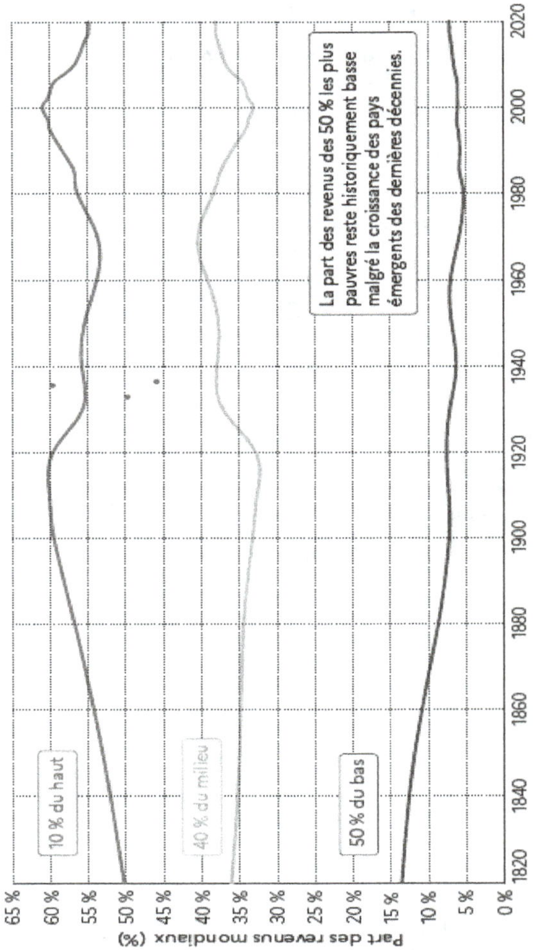

Source : (Chancel L. et autres, 2022 : 8).

L'importance des inégalités entre les pays par rapport aux inégalités globales, comme mesurées par l'index de Theil, a augmenté entre 1820 et 1980 et fortement décliné depuis. En 2020, les inégalités entre les pays représentent environ un tiers des inégalités globales entre les individus. Le reste est dû aux inégalités au sein des pays. Les revenus sont mesurés après opération des systèmes de pension et d'allocations de chômage et avant les taxes et les transferts (Chancel L. et autres, 2022 : 7).

Figure 6: Inégalités mondiales de revenus : inégalités entre pays et inégalités à l'intérieur des pays (coefficient de Theil), 1820-2020

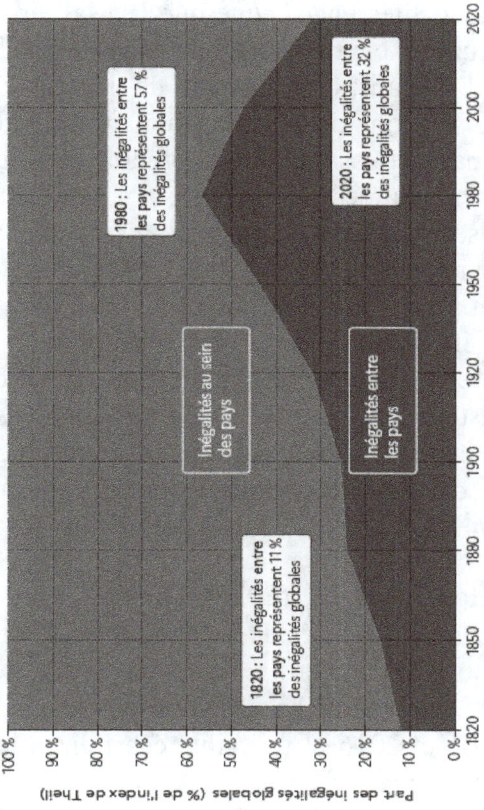

Sources : wir2022.wid.world/méthodologie et Chancel and Piketty (2021).

3.1.2 Indices d'inégalités de revenus au Mali

La mesure des inégalités de revenus la plus largement utilisée est le coefficient de Gini. Ses valeurs extrêmes sont 0 et 1. La valeur 0 traduit une situation d'égalité parfaite, tandis que la valeur 1 correspond à une situation d'inégalité complète ou maximale.

Alkemade & al. (2021) ont analysé les inégalités de revenus au Mali. Ils font remarquer dans les discussions sur les inégalités en Afrique que le Mali apparaît souvent comme une exception, étant le pays ayant le plus faible niveau d'inégalités au niveau de la sous-région ouest-africaine. Ils ont analysé les dynamiques des inégalités dans le pays et essayé de comprendre le rôle joué par les différentes sources de revenus, notamment la version harmonisée de trois vagues de l'Enquête modulaire et permanente auprès des Ménages (EMOP). Leurs résultats montrent une augmentation des inégalités en 2019. Par ailleurs, ils ont trouvé que les inégalités de revenus sont principalement dues à la dualité du marché du travail qui vient ensuite renforcer les inégalités spatiales. À cause de la prévalence du secteur informel et l'existence très limitée de filets de sécurité sociale, la protection sociale ne joue pas pleinement son rôle dans la réduction des inégalités.

Selon l'ODHD (2020), lorsque l'on s'intéresse à l'analyse des inégalités de revenus selon le sexe, trois faits marquants sont à noter :

(i) une tendance à la baisse des inégalités entre 2001 et 2016 et un faible écart entre les hommes et les femmes ;
(ii) une tendance à la hausse des inégalités à partir de 2016 ;
(iii) un creusement de l'écart entre les hommes et les femmes à partir de 2016.

Selon les données du PNUD, de façon générale, trois phases se dégagent dans l'évolution du coefficient de Gini entre 1992 et 2021 :

- la première phase, allant de 1992 à 2001, est marquée par une forte augmentation des inégalités de revenus, **le coefficient de Gini étant passé de 0,31 à 0,50** ;

- la deuxième phase, comprise entre 2002 et 2006, correspond à l'avènement du premier Cadre stratégique de Lutte Contre la Pauvreté (CSLP I) durant laquelle **le coefficient de Gini est resté stable à 0,50** ; et

- la troisième et dernière phase, allant de 2007 à 2021, a été caractérisée par une tendance baissière des inégalités de revenus, au cours de laquelle **le coefficient de Gini qui était de 0,50 est descendu jusqu'à 0,26** (en dessous du niveau de 1992).

L'accélération du processus des stratégies de réduction de la pauvreté et la volonté des différents gouvernements ont contribué à favoriser une baisse des inégalités sur ladite période. La figure ci-après donne l'évolution du coefficient de Gini de 1992 à 2021.

Figure 7: Evolution du coefficient de Gini de 1992 à 2021

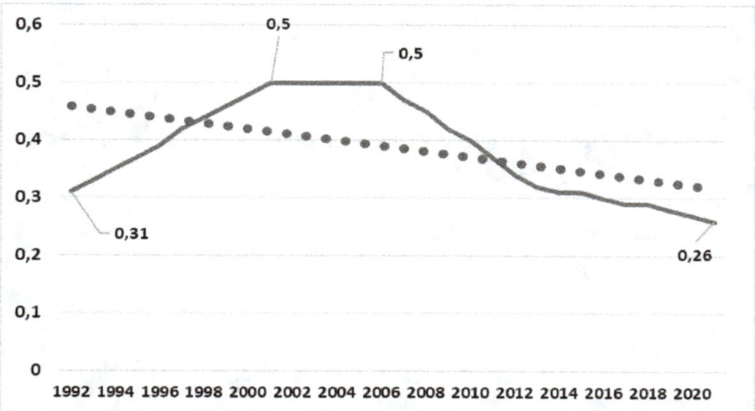

Source : données du PNUD

Au niveau régional, les trois phases décrites plus haut s'observent dans l'évolution du coefficient de Gini. La dernière phase (2007 – 2021) est marquée par une baisse des inégalités de revenus dans toutes les régions. Le District de Bamako et la région de Sikasso étant considérés comme les moins inégalitaires en termes de revenus en ayant les coefficients de Gini les plus bas. Les régions de Tombouctou, Gao et Kidal ont les coefficients de Gini les plus élevés. La figure ci-après donne l'évolution du coefficient de Gini selon les régions entre 1992 et 2021.

Figure 8 : Evolution du coefficient de Gini selon les régions entre 1992 et 2021

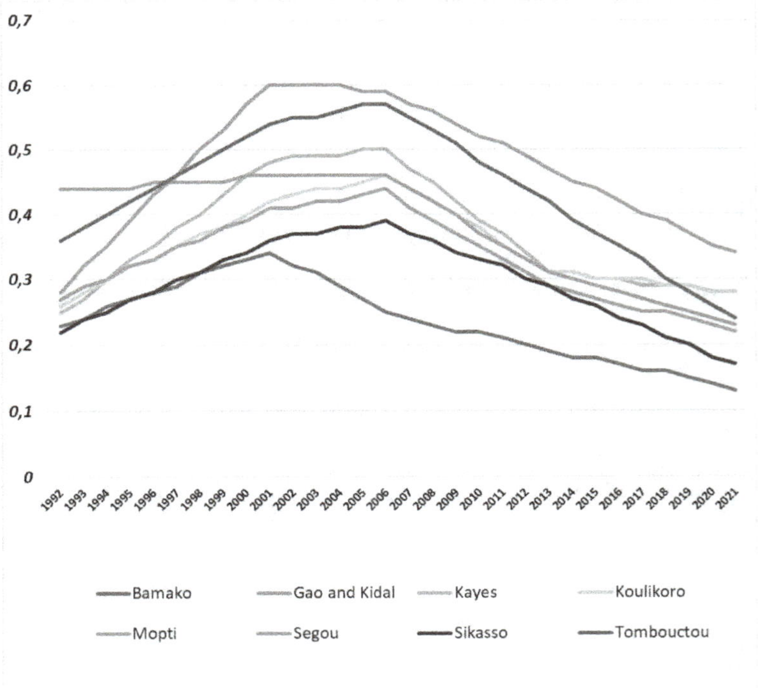

Source : données du PNUD

Selon le FMI, lorsque les niveaux d'inégalités dépassent un score de 0,27 pour le coefficient de Gini, la croissance et la prospérité à long terme d'un pays sont menacées. Le Mali affiche des scores en dessous de 0,27 non seulement au niveau global, mais également au niveau de plusieurs régions ici considérées.

3.2 Principales formes de privations des pauvres, des enfants et des femmes

Les études relatives à l'analyse de la dynamique des inégalités sociales sont peu nombreuses. Quelques études ont essayé de montrer l'importance de la réduction des disparités d'accès aux services sociaux de base.

L'UNICEF, en collaboration avec le Ministère de l'Economie et des Finances, a effectué en 2009 une étude sur le thème : « Pauvreté des enfants et inégalités au Mali ». Cette étude a offert l'unique opportunité de combiner à la fois plusieurs méthodes de mesure de la pauvreté afin de mieux cerner les dimensions holistiques de la pauvreté. Trois approches ont ainsi été appliquées, à savoir :

i) la méthode de pauvreté monétaire en appliquant la nouvelle mesure d'estimation dite « coûts des paniers » adoptée en 2007 par l'Observatoire africain de la Statistique (AFRISTAT) qui regroupe 19 États membres d'Afrique francophone ;

ii) la méthode de possession des biens des ménages (méthode dite des avoirs) communément appelée pauvreté des conditions de vie ; et

iii) la nouvelle méthode des privations des enfants adoptée par l'Assemblée générale des Nations Unies en janvier 2007.

Les résultats de l'étude montrent que les inégalités dans l'accès des pauvres aux services sociaux de base persistent, traduisant ainsi les contraintes d'accessibilité financière des familles aux services déjà existants. Des programmes d'offre de services sociaux de base doivent s'accompagner de mesures de renforcement des capacités financières des familles ou des mesures de protection sociale en faveur des groupes vulnérables, afin de leur permettre de satisfaire leurs besoins essentiels. Eu égard aux politiques de recouvrement de coût en vigueur dans le pays, le partenariat multisectoriel sur le terrain s'avère indispensable. Des initiatives prometteuses volontaristes de développement local intégral et d'incitation de la demande sociale (mesures en faveur des pauvres) au niveau communautaire, expérimentées dans les régions de Kayes et de Mopti, ayant contribué à accélérer l'accès des pauvres à la santé et à l'éducation, peuvent constituer de meilleures pratiques pouvant être généralisées dans les autres régions dans le cadre de la décentralisation.

L'analyse causale a aussi montré que l'instruction des chefs de ménages est un important facteur pour la réduction de la pauvreté et des privations des enfants. Il en est de même du niveau de vie des ménages qui a une grande incidence sur les risques de privation des enfants. **Cependant, il est important de noter qu'un nombre significatif d'enfants vivant dans les ménages « riches » sont affectés par les privations absolues. En effet, 15 % des enfants appartenant aux ménages non pauvres vivent avec au moins trois privations sévères simultanément**. L'étude a mis en évidence la valeur importante de la solidarité familiale en tant que stratégie de survie et de cohésion sociale fondamentale très développée au Mali. Ainsi, les enfants appartenant aux ménages de grande taille ou de famille élargie sont moins affectés par les privations que ceux issus des ménages de petite taille. Cependant, plutôt que d'être une variable explicative (la cause), l'élargissement de la taille du ménage pourrait être la conséquence du niveau de possession de biens. Ainsi, l'impact positif de la taille du ménage sur son niveau de vie pourrait traduire le fait que, dans un contexte de pauvreté, les ménages mieux dotés en avoirs attireraient plus de dépendants (cousins, neveux, petits enfants, parents, grands-parents, immigrants)[13].

Dans le domaine de la nutrition, l'état nutritionnel des enfants, plus que la pauvreté monétaire, est préoccupant au Mali avec une tendance stationnaire depuis 2001. **Près de deux enfants sur cinq accusent un retard de croissance (taille/âge) dont la moitié sous la forme sévère**. Les enfants des ménages pauvres souffrent deux fois plus de malnutrition (44,2 %) que ceux des ménages non pauvres (22,1 %). Quoique moins préoccupante, l'émaciation (poids/taille) touchait 15,2 % des enfants en 2006 avec un peu moins de la moitié sous sa forme sévère. Malheureusement, ces niveaux sont au-dessus du seuil de 10 % fixé par l'OMS. Les régions les plus affectées par la malnutrition aiguë chez les enfants sont celles du nord (Kidal, Tombouctou et Gao) et paradoxalement les régions de Sikasso et Koulikoro situées au sud qui sont les greniers agricoles du Mali.

Dans le domaine de l'éducation, d'après l'EDSM-IV de 2006, le taux brut de fréquentation primaire s'établit à 60 % avec des disparités importantes selon le milieu (seulement 50% des enfants de 7 à 12 ans en milieu rural contre 90 % en milieu urbain) ainsi que selon le sexe (65 % pour les garçons contre 55% pour les filles). La discrimination vis-à-vis des filles est encore plus forte dans les ménages pauvres, où leur taux de fréquentation n'atteint que 37 %. Il convient de signaler que l'annuaire statistique de l'éducation estime le taux brut de scolarisation au primaire à 75 % en 2007 au Mali.

Les inégalités sont persistantes depuis 2001 par rapport au niveau du bien-être économique des ménages face à la satisfaction du droit à l'éducation de base des

[13] Rapport MODA, 2014.

enfants avec un ratio pauvre/non pauvre de 0.4, soit deux enfants non pauvres scolarisés contre un enfant pour la catégorie des pauvres. Toutefois, l'indice de parité garçons/filles s'est nettement amélioré pour les pauvres durant les cinq dernières années sans pour autant rattraper le retard de parité par rapport à la catégorie des non pauvres. Les inégalités entre pauvres et non pauvres dans l'accès à l'instruction primaire par région se sont réduites pour la région de Mopti (ratio pauvre/riche en hausse de 0.4 à 0.7) et elles se sont, par contre, accentuées dans les régions de Sikasso, Gao et Tombouctou. Les initiatives spécifiques d'incitation de la demande scolaire (cash transferts aux familles pauvres), ciblant principalement les filles et pratiquées dans la région de Mopti ainsi que l'augmentation de l'offre scolaire auraient sans nul doute contribué à ce progrès encourageant en faveur des pauvres.

Dans le domaine de l'eau et de l'assainissement, en dépit des progrès accomplis au niveau global au cours de la période 2001-2006, le taux d'accès à l'eau potable était passé de 42 % à 56 % d'après les EDS. Ce problème se pose toujours avec acuité en milieu rural, surtout pour les ménages les plus pauvres. Les inégalités dans l'accès à l'eau potable demeurent très importantes entre les ménages pauvres et non pauvres. Il en est de même de l'accès des enfants aux installations d'hygiène au sein du ménage qui demeure principalement un bien lié au niveau de vie du ménage (Rapport MODA 2014).

En 2014, les toutes premières estimations des taux de privation des enfants au Mali réalisées à l'aide de l'analyse du chevauchement des privations multiples (MODA) ont été mises au point par l'UNICEF. Les privations sont définies en fonction de l'âge de l'enfant. Un processus participatif national a permis de déterminer quatre groupes d'âge et plusieurs dimensions de privations pour chaque groupe d'âge. Les groupes d'âge sont les suivants : de 0 à 23 mois, de 24 à 59 mois, de 5 à 14 ans et de 15 à 17 ans, avec 7 dimensions de privations pour les plus jeunes et 6 pour les plus âgés.

Au niveau national, le taux de privation chez les enfants était de 50 %, légèrement plus élevé que le taux de pauvreté (monétaire) des enfants qui s'établissait à 46 %. En effet, le taux de privation est basé sur un seuil de 4 privations pour les enfants de 0 à 59 mois et de 3 pour les enfants âgés de 5 à 17 ans. L'incidence de la privation s'élevait à 60 % dans les zones rurales, contre 16 % dans les zones urbaines, avec des taux particulièrement élevés dans les régions de Kidal (73 %), Tombouctou (72 %) et Mopti (68 %), et bien plus faibles à Bamako (9 %). Le chevauchement entre la pauvreté et les privations touchait au total 29 % des enfants. Cela signifie que les enfants victimes de privations ne vivaient pas tous dans des ménages pauvres, c'est-à-dire aux revenus inférieurs au seuil national de pauvreté. Seuls 58 % des enfants qui subissaient des privations vivaient dans des ménages pauvres. De même, seuls 62 % des enfants de ménages pauvres souffraient de privations multidimensionnelles. Par conséquent, les politiques qui ciblent exclusivement la pauvreté monétaire n'atteindront pas tous les enfants victimes de privations.

La corrélation entre les taux de privation et de pauvreté est inégale dans les différentes régions maliennes. La région de Sikasso affiche ainsi le taux de pauvreté monétaire le plus élevé (86%), mais le taux de privation des enfants y est proche de la moyenne nationale. Inversement, les régions qui présentent les plus forts taux de privation (Kidal et Tombouctou) ont respectivement des taux de pauvreté d'à peine 16 % et 33 %. Ce phénomène s'explique par le niveau des services disponibles pour les familles avec enfants dans chaque région et montre bien qu'un faible niveau de pauvreté ne se traduit pas nécessairement par une réduction des privations subies par les enfants. C'est dans les zones rurales que la privation et la pauvreté monétaire sont le plus étroitement liées, et ce, pour tous les groupes d'âge.

Une augmentation du revenu de 1 dollar par personne et par jour permettrait de réduire de 25 points la probabilité de privations dans les zones rurales. Les dimensions qui dépendent le plus du revenu sont la santé pour les jeunes enfants et l'éducation pour les enfants plus âgés. Outre le revenu, l'éducation maternelle est un facteur déterminant majeur des privations subies pendant l'enfance, en particulier dans les zones rurales. Dans ces régions, la probabilité pour les enfants de 0 à 59 mois dont la mère a suivi des études secondaires d'être victimes de privations était inférieure de 21 points. Ce chiffre est comparable pour les enfants âgés de 5 à 17 ans (20 points) (Milliano M. de et Handa S., 2014 : 4).

Plus récemment, en 2018, le rapport MODA montre que les privations multiples sont un phénomène omniprésent dans les zones rurales. En effet, près de 95% des enfants de 24-59 mois victimes de telles privations vivaient dans ces zones, contre à peine 5% dans les zones urbaines. En milieu rural, le nombre moyen de privations subies par ces enfants était de 4,0 pour un niveau d'intensité de 57,8%. Les chiffres correspondants étaient respectivement de 3,5 et 49,7% pour le milieu urbain. Les enfants vivant dans le District de Bamako subissaient moins de privations (3,3 de moyenne) dont l'intensité était également plus faible (47,0%). Dans les régions du pays, on observait des différences importantes (Rapport MODA 2018).

On retient au regard de ces résultats, que les privations, qui sont des formes d'inégalités de conditions de vie et de revenus, sont fonction du milieu de résidence. Les enfants du milieu rural sont plus exposés aux privations multiples que ceux du milieu urbain. Ainsi, les régions dans lesquelles les populations rurales sont les plus importantes sont, à la fois, soumises à la pauvreté et aux privations multiples.

3.3 Evolution des indicateurs de conditions de vie : indicateurs de demande

Les indicateurs statistiques de conditions de vie sont élaborés régulièrement depuis les années 2000 par le système statistique national à travers les données d'enquête. Au-delà de l'enjeu démographique, la plupart des indicateurs montrent une certaine amélioration du niveau de la demande, mais aussi de l'offre. Toutefois, les indicateurs laissent apparaitre d'importantes disparités entre les régions, entre les pauvres et les non pauvres ainsi qu'entre les différentes catégories socio-professionnelles.

Une étude effectuée et publiée par la Cellule technique du Cadre stratégique de Lutte contre la Pauvreté (CT CSLP) et l'Observatoire du Développement humain durable (ODHD) en 2011 montre que les inégalités n'ont pas trait qu'aux seuls revenus. L'analyse des conditions de vie des Maliens fait également apparaître des disparités entre zones géographiques, sexes, catégories sociales et catégories socio-professionnelles. En termes de dépenses alimentaires, les inégalités sont légèrement plus marquées en milieu rural qu'en milieu urbain. En cette matière, les régions de Sikasso, Koulikoro, Mopti et Kayes sont les plus inégalitaires.

Dans le domaine de l'éducation, les taux nets de scolarisation et d'alphabétisation observés en milieu urbain valent généralement plus que le double de ceux observés en milieu rural. Le District de Bamako détient le record du taux net de scolarisation le plus élevé. L'analyse par sexe montre que le taux net de scolarisation des garçons est plus élevé que celui des filles, même si cet écart diminue au fil du temps.

En matière d'accès aux structures sanitaires, les Maliens (tant pauvres que non-pauvres) « préféraient » en 2006 les Centres de Santé communautaire (CSCOM) et les Centres de Santé de Référence (CSRef) aux hôpitaux ainsi qu'aux structures privées (guérisseurs traditionnels, pharmacies-automédication). L'analyse selon le sexe confirme cette « préférence » des Maliens pour les CSCOM/CSRef : 56,6% chez les hommes et 58,8% chez les femmes.

Quant aux autres conditions de vie des ménages, les statistiques analysées font toutes apparaître des disparités entre milieu urbain/milieu rural. Certaines mettent en lumière des inégalités entre les régions administratives et d'autres des inégalités entre les sexes. Plus précisément, les données statistiques en question concernent le logement (à travers les conditions de revêtement du sol, d'une part, et le statut de propriété, d'autre part), l'eau potable, l'hygiène/assainissement, l'énergie et les équipements pour le confort (CSLP CT, ODHD, 2011).

3.3.1 Indicateurs d'accès à l'éducation

Le niveau d'éducation d'un individu est une caractéristique fondamentale qui explique beaucoup de choses. Une bonne éducation donne la chance d'échapper à la pauvreté, de trouver un emploi, d'améliorer ses conditions de vie et de faire des choix. L'éducation est l'un des leviers les plus efficaces pour atteindre les Objectifs du Développement durables (ODD).

Le diagnostic sectoriel effectué par le document du PRODEC 2 montre que les groupes les plus favorisés bénéficient de beaucoup plus de ressources publiques d'éducation, en dépit de leurs poids plus faibles dans la population. Par exemple, les Bamakois consomment près de 42% des ressources, alors qu'ils ne représentent que 13% de la population. De même, les 20% les plus riches consomment près de 45% des ressources, contre 10% seulement pour les 20% les plus pauvres. Sans multiplier les exemples, ces constats suggèrent l'existence de disparités sociales importantes dans l'appropriation des ressources publiques d'éducation. Il faut néanmoins relever que ces disparités dans l'appropriation des ressources ne se manifestent pas dans les mêmes proportions selon les différentes dimensions sociales.

Le système éducatif malien se présente ainsi comme celui dans lequel les inégalités sociales, tant dans les scolarisations que dans l'appropriation des ressources publiques, sont assez importantes. Des évolutions sont donc nécessaires pour gagner le pari de l'équité et de l'efficacité, notamment dans le cadre du prochain programme sectoriel, afin d'inscrire le pays dans la perspective des cibles de l'ODD 4. Le système éducatif malien se révèle ainsi inégalitaire. Il doit réussir à cibler et à toucher davantage les filles, les enfants des milieux ruraux, des plus pauvres et des régions défavorisées et à veiller sur les conditions d'apprentissage et d'insertion professionnelle (Document de travail, PRODEC 2, 2018 : 62). Pour mieux retracer cette situation d'inégalités, un accent est mis sur l'analyse de deux indicateurs clés de l'accès à l'éducation, à savoir le taux d'alphabétisation et le taux de scolarisation au primaire.

3.3.1.1 Taux d'alphabétisation

Selon l'UNESCO, une personne est considérée comme analphabète lorsqu'elle est incapable de lire et d'écrire, en le comprenant, « un exposé bref et simple de faits qui ont trait à sa vie quotidienne ». Un analphabète peut aussi être considéré comme « toute personne qui ne sait lire que des chiffres, son nom ou une expression courante apprise par cœur »[14].

[14] Perspective Monde : outil pédagogique des grandes tendances mondiales depuis 1945. « Degré d'alphabétisation - adultes (% des adultes âgés de plus de 15 ans) ». Url : https://perspective.usherbrooke.ca/bilan/servlet/BMTendanceStatPays?langue=fr&codePays=MLI&codeTheme=4&codeStat=SE.ADT.LITR.ZS, consulté le 15 janvier 2024.

Le taux d'alphabétisation n'est pas très élevé au Mali. Force est de constater qu'il a connu une croissance remarquable entre 2001 (21,3 %) et 2022 (35,0%), soit une augmentation de 13,7 points de pourcentage entre les deux dates. L'alphabétisation est plus répandue chez les hommes comparativement aux femmes avec une forte diminution de l'écart entre les deux sexes en 2018 ; celui des femmes ayant dépassé celui des hommes en 2022. Cet écart a des implications importantes sur le pouvoir de décision des femmes, mais également sur les possibilités de participer à la vie socioéconomique. Le niveau d'immersion des femmes, les efforts de promotion et d'alphabétisation des femmes ainsi que les actions en faveur de leur autonomisation peuvent expliquer l'amélioration du taux d'alphabétisation. La figure ci-après donne l'évolution du taux d'alphabétisation des personnes de 15 ans et plus par sexe entre 2001 et 2022.

Figure 9 : Evolution du taux d'alphabétisation des personnes de 15 ans et plus par sexe (%)

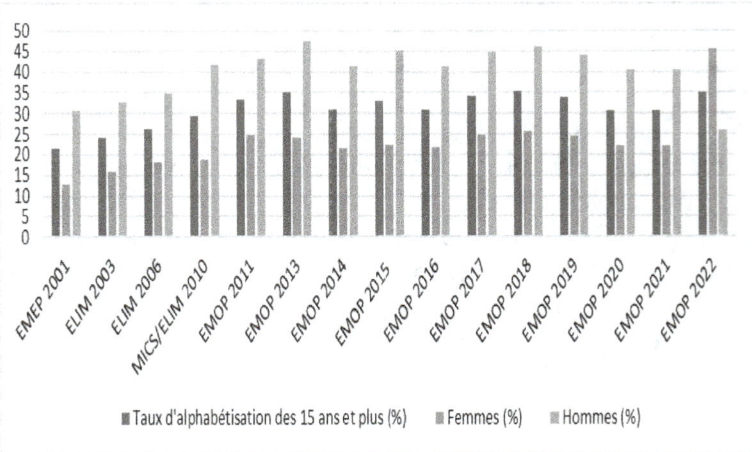

Source : INSTAT (EMEP 2001 ; ELIM 2006, 2009 ; EMOP 2011, 2013, 2014, 2015, 2016, 2017, 2018, 2019, 2020, 2021 et 2022).

3.3.1.2 Taux de scolarisation au primaire

L'éducation est considérée comme un des secteurs prioritaires du Mali depuis 1996. Le Mali s'est engagé dans la refondation de son système éducatif à travers l'élaboration du PRODEC et du PISE. Jusqu'en 2015, l'objectif de scolarisation au primaire était de 100%. Au vu des résultats observés, cet objectif n'a pas été atteint en raison des enjeux démographiques et surtout de la crise de 2012. On peut observer à travers la figure ci-dessous que le taux de scolarisation au primaire 1 a une tendance à la hausse depuis 2001. L'écart entre filles et garçons reste visible. En effet, de 10,8% en 2001, il s'est largement réduit ces cinq dernières années, car le taux de scolarisation au primaire 1 des filles a dépassé celui des garçons à partir de 2020. C'est dire donc que les inégalités de scolarisation dans l'enseignement primaire sont très faibles selon les données de l'EMOP. Les efforts en faveur de la scolarisation des filles peuvent expliquer la forte baisse constatée en termes d'inégalités entre les deux sexes. La figure ci-dessous donne l'évolution entre 2001 et 2022 du taux brut de scolarisation au primaire 1 selon le sexe.

Figure 10 : Taux brut de scolarisation au primaire 1 selon le sexe.

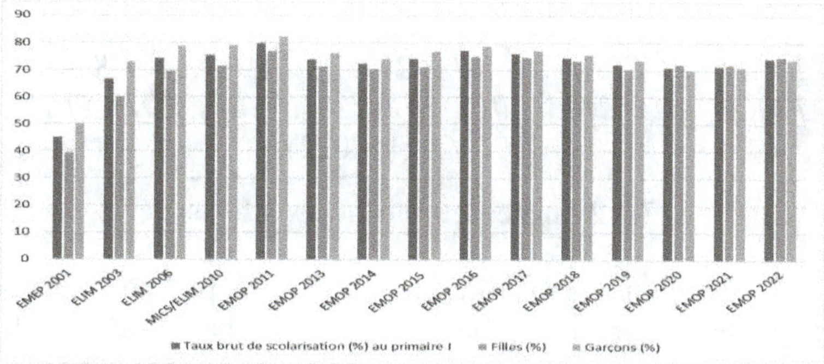

Source : INSTAT (EMEP 2001 ; ELIM 2006, 2009 ; EMOP 2011, 2013, 2014, 2015, 2016, 2017, 2018, 2019, 2020, 2021 et 2022).

L'évolution du taux net de scolarisation à partir de différentes EMOP de l'INSTAT montre une tendance à la hausse avec une réduction importante de l'écart entre garçons et filles. Ce qui constitue un résultat important en termes d'équité du genre à l'école, le niveau de scolarisation net des filles ayant dépassé celui des garçons ces dernières années (2020, 2021, 2022). La figure ci-dessous donne l'évolution du taux net de scolarisation global au primaire 1, de ceux des filles et des garçons.

Figure 11 : Evolution des taux nets de scolarisation au primaire 1

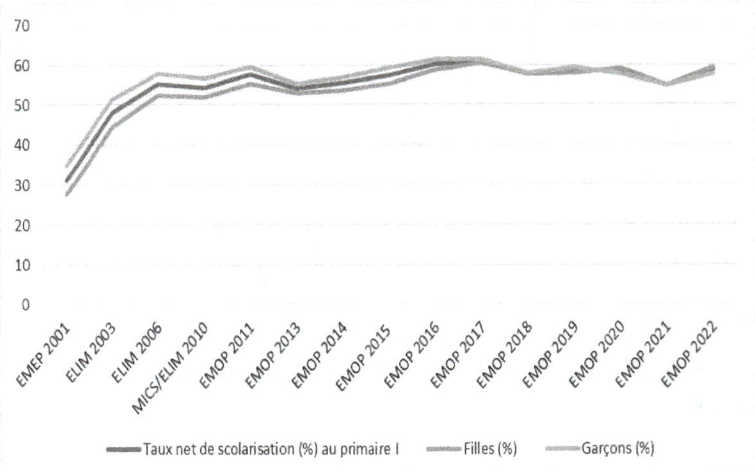

Source : INSTAT (EMEP 2001 ; ELIM 2006, 2009 ; EMOP 2011, 2013, 2014, 2015, 2016, 2017, 2018, 2019, 2020, 2021, 2022).

3.3.2 Indicateurs d'accès à la santé

Le monde moderne est caractérisé par de grandes inégalités sanitaires. Le SIDA, la tuberculose et le paludisme, qui sont les principales maladies, touchent beaucoup plus les pays pauvres. En effet, dans les pays développés, l'encadrement médical et les moyens des États, des organisations et des populations permettent de mieux lutter contre les maladies. L'accès à une médecine de qualité est très difficile dans les pays en voie de développement. L'espérance de vie est un important indicateur du développement d'un pays. Il révèle la qualité de son état sanitaire et alimentaire ainsi que son degré de protection sociale face à divers risques. Les inégalités sociales de santé font référence aux disparités observées quant à l'état général de santé entre des groupes sociaux (De Koninck *et al.,* 2008). Les « inégalités sociales de santé » sont donc de véritables iniquités de santé (Braverman et Gruskin, 2003). En effet, les personnes de diverses couches sociales ne disposent pas d'une réelle égalité des chances pour atteindre leur niveau de santé optimal (Ridde et al., 2007). Les disparités observées dans l'état de santé entre les groupes sociaux sont la conséquence d'une distribution inégale et injuste des déterminants sociaux de la santé. Cette distribution inégale et ses différentes manifestations de fragilité sociale ne sont ni naturelles, ni inévitables. Ainsi, les variations des taux de mortalité et de morbidité, par rapport aux différentes situations liées à la santé dans le monde, peuvent être attribuées à l'organisation socio-politique. (Consortium DETERMINE, 2008).

Le concept de position sociale est également central dans la compréhension des inégalités. Les conditions sociales agissent sur la santé dès le plus jeune âge et tout au long de la vie, modifiant tout autant sa qualité que sa durée. Les inégalités sociales de santé se développent et s'accentuent souvent tout au long du parcours de vie des individus. Elles résultent de l'interaction entre les différentes conditions quotidiennes de la vie, qui sont autant de déterminants sociaux de la santé. En effet, la position sociale est fondée à la fois sur les revenus, la scolarité, l'emploi et le prestige de la profession ainsi que sur le genre et l'appartenance ethnique. Les trajectoires de vie et une longue exposition à la précarité sociale créent des situations persistantes de faible position sociale. L'accessibilité à la santé dans une vision globale, l'accessibilité aux ressources et offres de promotion de la santé sont des questions transversales et fondamentales. De multiples approches d'intervention pour réduire les inégalités sociales de santé coexistent, en optant par exemple pour le principe de discrimination positive ou en cherchant à renforcer la cohésion sociale.

En matière d'inégalités d'accès à la santé, un accent a été mis sur l'analyse du taux de mortalité infantile et du taux de mortalité des enfants et des adultes.

3.3.2.1 Taux de mortalité infantile

Une des cibles de l'ODD 3 concerne la réduction de la mortalité infantile. Pour un pays, les indicateurs de mortalité infantile sont pertinents pour l'appréciation du niveau de développement socio-économique d'un pays. Il traduit une certaine efficacité de ses politiques en matière de santé maternelle et infantile.

Les données de l'EDSM-VI ont permis d'estimer les niveaux et les tendances de la mortalité néonatale, postnéonatale, infantile, juvénile et infanto-juvénile. Ces indicateurs ont été estimés à partir d'informations sur l'historique des naissances recueillies à l'aide du questionnaire femme. Dans la section du questionnaire, l'enquêtrice a enregistré des informations sur toutes les naissances de la femme. Dans la procédure de collecte, les questions permettent de distinguer le nombre total de fils et filles qui vivent avec la femme, le nombre de ceux qui vivent ailleurs et le nombre de ceux qui sont décédés. Ensuite, pour chacune des naissances, l'enquêtrice a obtenu des informations détaillées sur le sexe, le mois et l'année de naissance, l'état de survie, l'âge actuel (si l'enfant est vivant), la résidence ainsi que l'âge au décès pour les enfants décédés. Pour la période des 5 dernières années avant l'EDSM-VI (période 2014-2018), le risque de mortalité infantile était estimé à 54 décès pour 1 000 naissances vivantes et le risque de mortalité juvénile à 49 ‰. Quant aux composantes de la mortalité infantile, elles se situent à 33 ‰ pour la mortalité néonatale et à 22 ‰ pour la mortalité postnéonatale. Globalement, le risque de mortalité infanto-juvénile, c'est à dire le risque de décès avant l'âge de 5 ans, est de 101 ‰ (Rapport EDSM VI 2018). La figure ci-après donne l'évolution de la mortalité infantile et de la mortalité infanto-juvénile de 1987 à 2018.

Figure 12 : Évolution de la mortalité infantile et de la mortalité infanto-juvénile de 1987 à 2018 suivant différentes EDSM

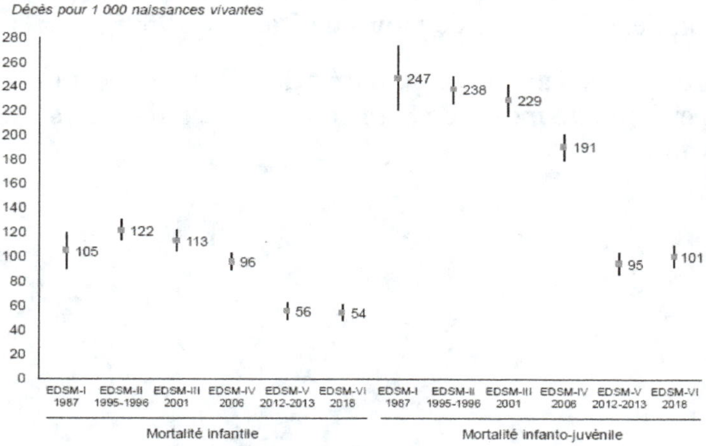

Source : Rapport EDSM VI 2018 : 24.

3.3.2.2 Taux de mortalité des enfants et des adultes

Le Mali a connu une forte baisse de la mortalité de 1960 à 2021. Plusieurs facteurs peuvent expliquer cette baisse de la mortalité à la fois chez les enfants et chez les adultes. La mise en œuvre des différentes générations du Plan décennal de Développement sanitaire et social

(PDDSS) a contribué à améliorer les indicateurs de santé, surtout en ce qui concerne la mortalité des enfants et des adultes.

La mortalité des enfants a fortement diminué. Toutefois, celle des garçons est plus importante que celle des filles. Ce qui met en exergue une certaine iniquité devant la mort en faveur des filles. Les contingences socio-économiques peuvent expliquer cette baisse plus importante chez les filles que chez les garçons. Ces derniers étant plus exposés aux risques de la vie (délinquance, drogue, vols, ...). Pour les enfants de moins de 5 ans, les efforts fournis par l'État et certains partenaires comme l'UNICEF justifient la baisse de leur mortalité. Les figures ci-après donnent l'évolution du taux de mortalité infantile par sexe et du taux de mortalité infantile, des enfants de moins de 5 ans de 1960 à 2021.

Figure 13 : Taux de mortalité infantile globale et chez les enfants de moins de 5 ans pour mille naissances vivantes

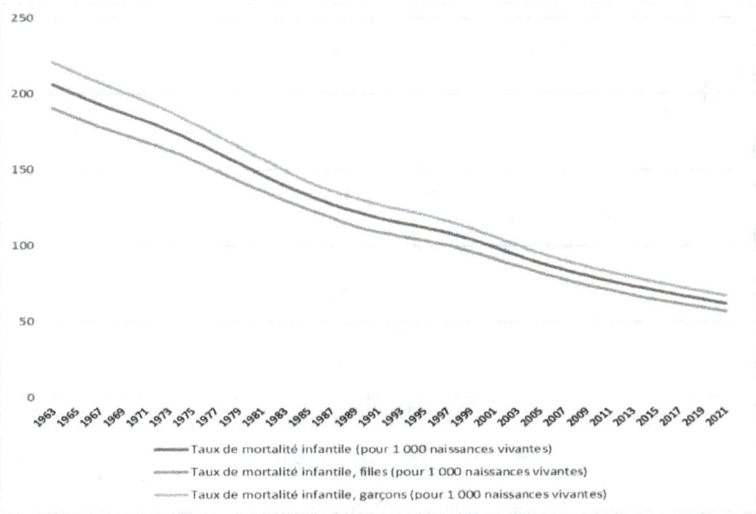

Source : Données Banque mondiale, WDI, 2023.

Figure 14 : Taux de mortalité infantile chez les enfants de moins de 5 ans pour mille naissances vivantes

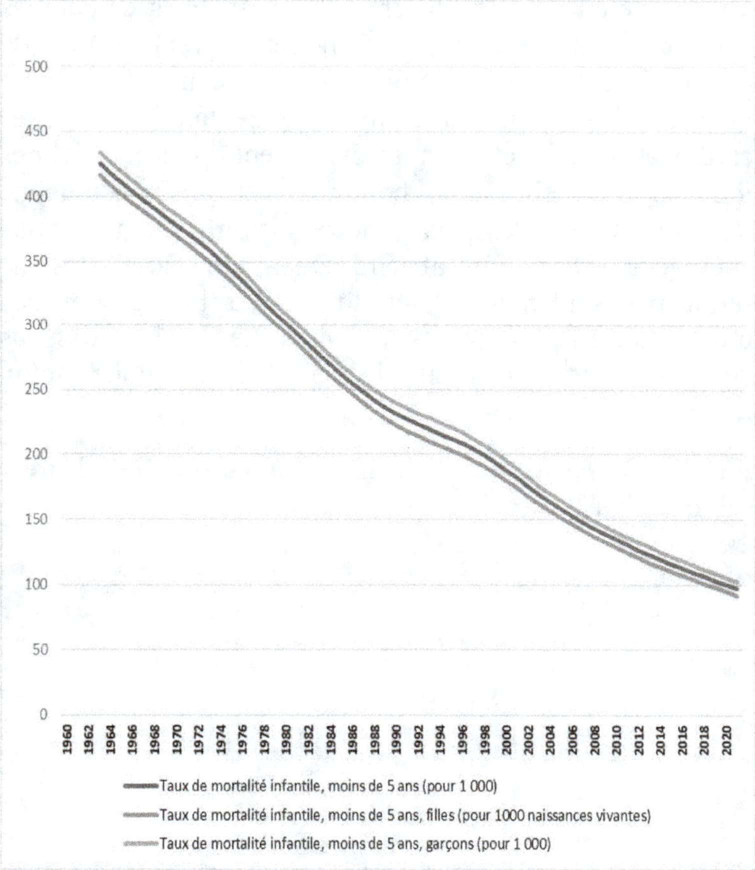

Source : Données Banque mondiale, WDI, 2023

Pour le Mali, il existe une inégalité devant la mort. Lorsqu'on compare les taux de mortalité des hommes et des femmes, on remarque que les hommes ont un taux plus élevé avec des tendances à la baisse pour les deux variables. La différence entre les deux sexes se situe en moyenne autour de 20% entre 1990 et 2016. Plusieurs facteurs peuvent expliquer la forte mortalité des hommes par rapport aux femmes. À ce sujet, on peut citer le taux d'activité, les pressions sociales ainsi que le stress qui sont des facteurs importants. En effet, selon certaines études, cette différence serait causée par les comportements masculins : les hommes prennent plus de risque, ils ont des métiers plus dangereux, une hygiène de vie moins bonne que les femmes, augmentant leurs risques cardiovasculaires, etc.. La différence entre la longévité des femmes et celle des hommes est un phénomène relativement nouveau dans notre histoire selon certains chercheurs (Davis EJ, Lobach I, Dubal DB., 2019). Elle ne serait pas seulement le produit de la biologie et des progrès dans les domaines sanitaires. La figure ci-dessous donne l'évolution des taux de mortalité des adultes selon le sexe.

Figure 15 : Evolution des taux de mortalité des adultes selon le sexe

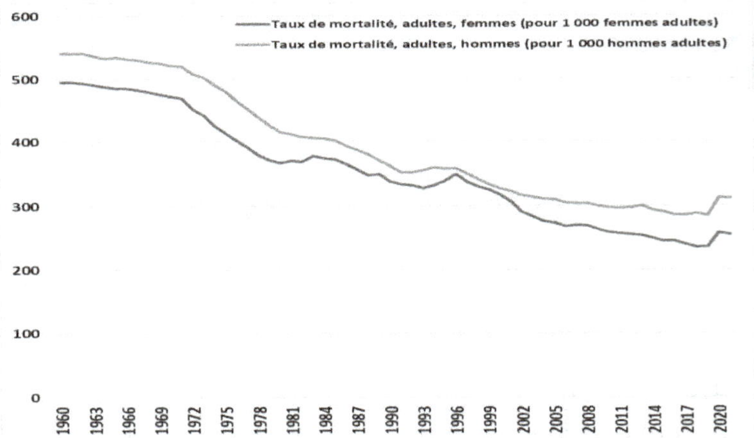

Source : Données Banque mondiale, WDI, 2023

3.3.3 Etat de la sécurité alimentaire et de la malnutrition

La sécurité alimentaire garantit la bonne nutrition des populations. La sécurité alimentaire existe lorsque tous les êtres humains ont, à tout moment, un accès physique et économique à une nourriture suffisante, saine et nutritive leur permettant de satisfaire leurs besoins énergétiques et leurs préférences alimentaires pour mener une vie saine et active. Elle garantit à une population, et à tout moment, l'accès à une nourriture à la fois sur le plan qualitatif et quantitatif. Elle doit être suffisante pour assurer une vie saine et active, compte tenu des habitudes alimentaires (Rapport Enquête nutritionnelle et de Mortalité rétrospective de type SMART, 2017 : 18).

De grandes inégalités alimentaires existent dans le monde en la matière. Les populations des pays industrialisés sont souvent suralimentées, alors que celles des pays les moins avancés souffrent régulièrement de sous-alimentation. Au Mali, la malnutrition constitue un problème de santé publique. Elle est l'une des causes majeures de morbidité et de mortalité chez les enfants de moins de cinq ans. Il s'agit d'un problème de santé à dimension multifactorielle et multisectorielle dont les causes sous-jacentes sont l'insuffisance d'accès à une alimentation de qualité, les soins et les pratiques inappropriés d'alimentation du nourrisson et du jeune enfant, les mauvaises pratiques d'hygiène et d'assainissement, l'insuffisance d'accès à l'eau potable et aux services de santé.

Conscient des enjeux liés à la problématique de la malnutrition, le Gouvernement du Mali a inscrit dans sa politique sanitaire des actions de prévention et de lutte contre ce phénomène. C'est ainsi que le cadre de coopération Mali-PTF prévoit un appui technique et financier visant à lutter efficacement contre la malnutrition dans le pays. Dans cette collaboration, la surveillance de la situation nutritionnelle à travers des enquêtes SMART d'envergure nationale et la prise en charge de la malnutrition occupent une place de choix.

Les différentes études réalisées ces dernières années ont permis de décrire la situation nutritionnelle du pays et de montrer l'ampleur de la malnutrition non seulement au niveau national, mais aussi de façon spécifique dans les régions administratives. La situation s'est dégradée avec la crise de 2012 comme le montrent les résultats des études antérieures réalisées au niveau national. L'enquête MICS 2010 a rapporté une prévalence nationale de 9% de Malnutrition Aigüe Globale (MAG) et de 2% de Malnutrition Aigüe Sévère (MAS), le Retard de Croissance (RC) et l'Insuffisance Pondérale (IP) à 28% et 19% respectivement. En 2013, l'EDSM-V a rapporté une prévalence nationale de 12,7% de MAG et de 5,1% de MAS. Selon les résultats de la même enquête, la malnutrition chronique demeure préoccupante avec une prévalence nationale de 38,3% et l'insuffisance pondérale avec une prévalence nationale de 25,5%. Les enquêtes SMART menées en 2014, 2015 et 2016 ont montré la même ampleur de la situation.

Selon les résultats de l'EDSM VI 2018, environ six enfants de moins de 2 ans sur dix (64%) ont commencé à être allaités dans l'heure qui a suivi la naissance. Les résultats par région montrent que les pourcentages d'enfants allaités rapidement après la naissance sont plus faibles dans les régions de Tombouctou et de Mopti que dans les autres (respectivement 45% et 58% contre 69% à Koulikoro, 71% à Kidal et 72% à Gao).

Seulement 40% des enfants de moins de 6 mois sont exclusivement allaités au sein. Cependant, contrairement aux recommandations en la matière, on constate que parmi les enfants de moins de 6 mois, 40% reçoivent, en plus du lait maternel, de l'eau seulement et 7% des aliments de complément. En revanche, 3% des enfants de 0-6 mois n'ont jamais été allaités au sein. Entre 2001 et 2018, le pourcentage d'enfants derniers-nés de moins de 6 mois exclusivement allaités a augmenté, passant de 25% à 40%. Les résultats de l'EDSM 2018 montrent que, parmi les ménages dont le sel a été testé (96%), environ neuf sur dix (89%) disposaient de sel iodé. Cependant, dans les régions de Gao et de Kidal, ces pourcentages sont extrêmement faibles (2% dans chaque région).

Les enquêtes SMART menées de 2014 à 2022 ont montré les mêmes tendances de la situation nutritionnelle. En effet, vu l'ampleur de la malnutrition aiguë et son caractère structurel dans le pays et pour briser ce cercle vicieux, des programmes conjoints de prise en charge intégrée de la malnutrition aiguë, sévère et modérée ont été mis en place sous l'égide du Gouvernement du Mali, à travers le ministère de la Santé et du Développement social. Ces programmes sont fonctionnels depuis plusieurs années et ont contribué à sauver la vie de plusieurs milliers d'enfants maliens (Rapport final de l'Enquête SMART, Mali, 2022). La figure ci-après donne la tendance de la malnutrition aiguë globale, du retard de croissance et de l'insuffisance pondérale dans la période de 2011 à 2022 au Mali.

Figure 16 : Tendance de la malnutrition aiguë globale, du retard de croissance et de l'insuffisance pondérale dans la période de 2011 à 2022 au Mali

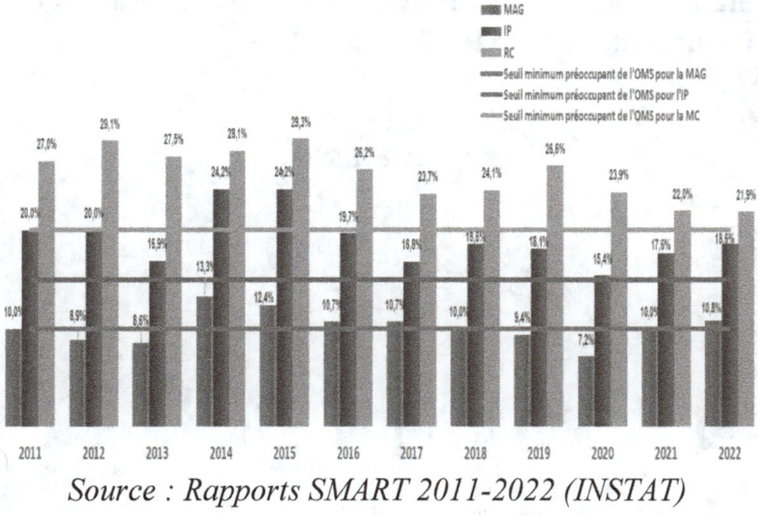

Source : Rapports SMART 2011-2022 (INSTAT)

L'analyse graphique des tendances des différents types de malnutrition montre que l'évolution de ces trois types de la malnutrition s'est faite suivant presque la même allure de 2011 à 2022 avec une faible amplitude en général.

Cependant, l'insuffisance pondérale a connu son pic de hausse (24,2%) respectivement en 2014 et 2015. Quant à la malnutrition aiguë globale, le pic ultime a été observé en 2014 avec 13,3%. La prévalence de la MAG la plus fréquemment observée pendant cette période est de 10,0% successivement en 2011, 2018 et 2021. Concernant la malnutrition chronique (retard de croissance), le pic ultime de prévalence (29,3%) a été constaté en 2015, tandis que la faible prévalence l'a été en 2022 (21,9%).

Figure 17 : Évolution de la Prévalence de la malnutrition aiguë entre 2011 et 2022, SMART-Mali et Évolution des prévalences de malnutrition aiguë, malnutrition chronique et insuffisance pondérale des résultats de la SMART 2011 à 2022.

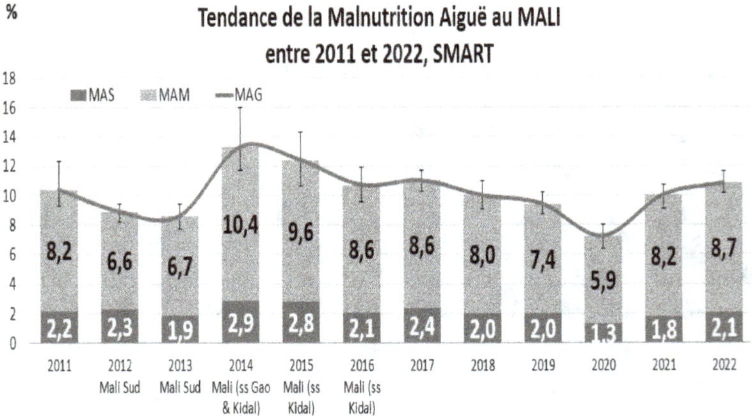

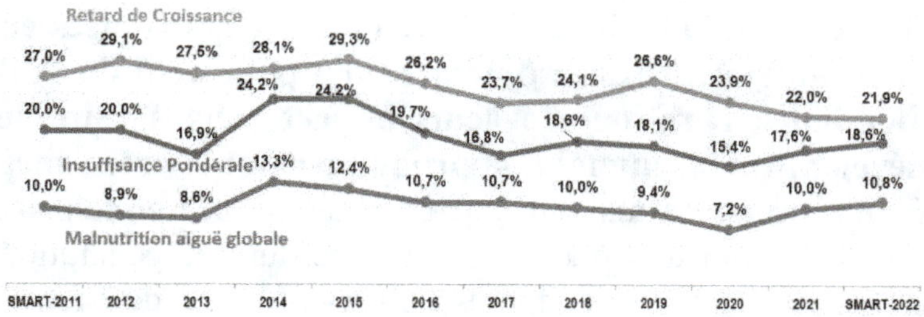

Source : Rapport final de l'Enquête SMART, Mali, 2022.

Où : MAS – Malnutrition aigüe sévère ; MAM – Malnutrition aigüe modérée ; MAG – Malnutrition aigüe globale.

Dans l'ensemble, quels que soient les formes ou les types de malnutrition, ils exposent des milliers d'enfants à un risque élevé de morbidité et de mortalité avec des conséquences néfastes pouvant découler à long terme. En effet, à court terme, la malnutrition augmente la vulnérabilité aux maladies, mais aussi le risque de survenue des maladies chroniques à l'âge adulte. La malnutrition et les carences en micronutriments (fer, iode, vitamine A, zinc…) peuvent être particulièrement nocives pour les enfants telles que la vulnérabilité aux maladies infectieuses, les déficiences physiques et cognitives, etc.. Les régimes alimentaires qui ne fournissent pas suffisamment de micronutriments peuvent être à l'origine de maladies ou de troubles graves telles que l'anémie, l'arriération mentale et la cécité crépusculaire et permanente.

De nombreuses familles, pour des raisons économiques ou autres, n'ont pas accès à des quantités suffisantes d'aliments nutritifs comme les fruits, les légumes frais, les légumineuses, la viande et le lait. Leurs apports en nutriments pourraient alors significativement baisser au point que plusieurs personnes, et en particulier les enfants, se retrouvent dans un état de malnutrition. **Le**

coût économique de la malnutrition et des carences en micronutriments est estimé à 2 ou 3 pour cent du PIB mondial en raison de leur impact négatif sur le développement humain, la productivité et la croissance économique. La malnutrition est aussi un des principaux problèmes qui font que la pauvreté perdure de génération en génération. Les mères chétives ont de fortes probabilités de mettre au monde des enfants de faible poids. Ces enfants auront un risque plus élevé d'être des déficients physiques et cognitifs et en supporteront le coût économique.

La lutte contre la malnutrition doit être placée au centre des politiques de développement des pays. C'est dans cette optique que les nouvelles stratégies de lutte contre la malnutrition reposent sur deux catégories d'intervention, à savoir des interventions spécifiques à la nutrition et des interventions sensibles à la nutrition. Les interventions spécifiques à la nutrition sont celles relevant des programmes nutritionnels qui s'intéressent aux déterminants immédiats du développement de la nutrition fœtale et infantile (consommation adéquate en aliments et en nutriments, pratiques alimentaires et de soins envers l'enfant et fardeau dû aux maladies infectieuses) (Rapport final de l'Enquête SMART, 2022 : 61).

Au niveau régional, la région de Sikasso présente une prévalence supérieure à 30%, ce qui la classe dans le seuil d'urgence au regard des normes définies par l'OMS. De plus, sept régions (Mopti, Ségou, Taoudéni, Tombouctou, Koulikoro, Gao, Kayes) et le cercle de Yorosso présentent des prévalences variant entre 20% et 30%, ce qui les classe dans les seuils d'alerte au regard des seuils définis par l'OMS. Cependant, les régions de Kidal et Ménaka ainsi que le District de Bamako ont des prévalences inférieures à 20%, donc acceptables. L'arrêt de plusieurs projets à caractère communautaire autrefois opérationnels dans ces régions et la faible couverture des activités préventives dont les groupes de soutien (GSAN) ont eu un effet négatif sur la pérennisation des efforts entrepris par les partenaires. De ce fait, cette situation a impacté négativement la réduction ou la stabilisation des taux des enfants malnutris chroniques dans ces régions. De plus, il ressort de cette analyse que certaines régions (Kayes, Tombouctou, Gao, Taoudéni) sont à la fois touchées par la malnutrition aiguë et le retard de croissance.

Les résultats au niveau national montrent qu'il n'existe pas de différence statistiquement significative au regard des prévalences de 2016 et 2017 sur la base du test Khi-deux ($p>0,05$). Au niveau régional, il ressort de l'analyse du test Khi-deux que les régions de Kayes, Koulikoro, Ségou et Mopti présentent une différence statistiquement significative ($p<0,05$).

Pour la région de Kayes en particulier, la différence va dans le sens de l'augmentation de la prévalence contrairement aux trois autres régions. Pour ce qui est de la malnutrition chronique, la tendance à la baisse est remarquée sur les résultats de l'ensemble des régions, mais cette baisse n'est pas statistiquement significative. Par contre, au niveau des régions comparées entre elles, nous constatons une légère tendance à la baisse à Mopti, Ségou, Koulikoro, Gao et dans le District de Bamako, mais statistiquement non significative. Deux régions présentent des différences statistiquement significatives, à savoir Tombouctou dans le sens de la baisse et Kayes dans le sens de l'augmentation (rapport SMART 2017, p. 48).

Selon les résultats de l'EDS VI, dans l'ensemble, 27 % des enfants de moins de 5 ans ont un retard de croissance ou sont atteints de malnutrition chronique (ils sont trop petits pour leur âge) et 10 % ont un retard de croissance sévère. Près d'un enfant de moins de 5 ans sur dix (9 %) sont émaciés ou souffrent de malnutrition aiguë (ils sont trop maigres par rapport à leur taille) et 3 % sont sévèrement émaciés. Les résultats montrent également que 19 % présentent une insuffisance pondérale (ils sont trop maigres par rapport à leur âge), y compris 5 % qui présentent une insuffisance pondérale sévère. La prévalence de la malnutrition chronique est légèrement plus élevée parmi les garçons que parmi les filles (28 % contre 26 %). L'examen des résultats révèle que les enfants du milieu rural sont à peu près deux fois plus atteints par la malnutrition chronique que ceux de Bamako (29 % contre 15 %). Au niveau régional, l'examen de ces résultats montre que la prévalence varie d'une région à une autre. C'est dans le District de Bamako que la prévalence de la malnutrition chronique est la plus faible (15 %). Les régions de Kayes, Koulikoro, Ségou, Tombouctou et Kidal sont caractérisées par une prévalence entre 20 % et 30 %. Les régions de Sikasso, Mopti et Gao enregistrent les prévalences les plus élevées (variant de 30 % à 33 %).

La prévalence de la malnutrition chronique diminue de manière importante avec l'augmentation du niveau d'instruction de la mère, passant de 30 % quand la mère n'a aucun niveau d'instruction à 13 % quand elle a le niveau secondaire ou supérieur. De même, du quintile de bien-être économique le plus bas au plus élevé, la prévalence de la malnutrition chronique passe de 33 % à 13 % et celle de l'insuffisance pondérale de 24 % % à 11 % (Rapport EDSM-VI 2018 : 38).

Sur le plan de la prévalence de l'anémie, les résultats de EDSM VI montrent qu'environ huit enfants de 6-59 mois sur dix (82 %) sont atteints d`anémie : 25 % sous la forme légère, 51 % sous la forme modérée et 6 % sous la forme sévère. Bien que les proportions d'enfants anémiques soient élevées quelle que soit la caractéristique socio-démographique et économique, on constate néanmoins des variations. En effet, la prévalence de l'anémie diminue progressivement avec l'âge, passant de 93 % pour les enfants de 9-11 mois à 71 % pour ceux de 48-59 mois. Elle touche aussi davantage les enfants du milieu rural que ceux du milieu urbain (84 % contre 75 %). Dans les régions, la prévalence de l'anémie varie d'un maximum de 86 % dans la région de Sikasso à 68 % dans celle de Kidal.

En 2022, les résultats de la SMART montrent qu'au niveau national, 18,6% des enfants de moins de 5 ans souffrent d'insuffisance pondérale dont 4,0% de la forme sévère. À l'échelle régionale, la prévalence varie entre 8,3% respectivement dans la région de Kidal et 25,0% pour celle de Kayes. L'analyse de la prévalence de l'insuffisance pondérale (IP) sur l'échelle de classification de l'OMS révèle qu'une (1) région sur onze (11) se trouve dans une situation précaire avec une prévalence comprise entre 5% et 9%, trois 3 régions sur onze (11) se trouvent dans une situation préoccupante avec une prévalence comprise entre 10% et 14%. Il s'agit des régions de Sikasso, de Taoudéni et du District de Bamako. L'examen des résultats montre également que sept (7) régions sur onze (11) se trouvent dans une situation critique avec une prévalence supérieure au seuil de 15%. Ces régions sont : Kayes, Koulikoro, Ségou, Mopti, Tombouctou, Gao et Ménaka. Les facteurs qui soutiennent la dégradation de la situation nutritionnelle diffèrent d'une région à l'autre et semblent se résumer, entre autres, à : l'insécurité grandissante, la récurrence des mauvaises campagnes agricoles, l'enclavement de certaines régions, le déplacement interne de communautés, la mauvaise répartition des pluies dans le temps et dans l'espace, les difficultés d'appauvrissement des ménages en denrées alimentaires, le faible accès aux soins de santé de base, les mauvaises conditions d'hygiène et d'assainissement (Rapport final de l'Enquête SMART, 2022 : 56-57).

Le niveau du bien-être économique du ménage influence aussi la prévalence de l'anémie. Elle est estimée à 86 % dans les ménages des deux quintiles du niveau de bien-être économique les plus bas et à 71 % dans les ménages du quintile le plus élevé. Les résultats montrent que 64 % des femmes de 15 à 49 ans souffrent d'anémie : 42 % sous la forme légère, 20 % sous la forme modérée et 2 % sous la forme sévère. La prévalence de l'anémie chez les femmes est plus élevée en milieu rural (67 %) qu'en milieu urbain (52 %). C'est chez les femmes de la région de Kayes que la prévalence de l'anémie est la plus élevée (73 %). Par contre, celles de Kidal (48 %) et celles du District de Bamako (48 %) observent la plus faible prévalence de l'anémie. La prévalence de l'anémie chez les femmes diminue quand le niveau d'instruction est plus élevé, passant de 67 % chez les femmes n'ayant aucun niveau d'instruction à 51 % chez celles ayant le niveau secondaire ou supérieur. Les résultats indiquent aussi que la prévalence de l'anémie chez les femmes diminue avec l'augmentation du niveau de bien-être économique, variant de 71 % dans les ménages du quintile le plus bas à 49 % dans ceux du plus élevé (Rapport EDSM-VI 2018 : 41-42).

Selon les résultats de la SMART 2022, la sous-nutrition des jeunes enfants est étroitement liée à celle des femmes. En effet, l'état nutritionnel de la femme au moment de la conception et au cours de la grossesse a un fort impact à la fois sur la santé de la mère, la croissance et le développement du fœtus ainsi que sur la survie de l'enfant qui naitra de cette grossesse. En effet, la littérature scientifique rapporte que les pays, où plus de 10% des femmes adultes sont en insuffisance pondérale, présentent également les plus hauts niveaux de retards de croissance et d'émaciation infantiles. De même, les pays avec de très hauts niveaux de surpoids et d'obésité parmi les femmes affichent également les plus hauts niveaux de surpoids chez les enfants de moins de cinq ans. La nutrition maternelle est un déterminant fondamental de la croissance fœtale, du poids de naissance et de la morbidité infantile. Une mauvaise nutrition de la mère entraîne souvent chez le fœtus des conséquences irréversibles à long terme.

Au Mali en 2022, 5,0 % des femmes en âge de procréer (15 à 49 ans) souffraient d'insuffisance pondérale contre 20,4 % en surpoids et 10,6 % dans un état d'obésité. Ces résultats montrent que l'évolution de la situation nutritionnelle au Mali n'échappe pas à la problématique qui se pose au niveau mondial, à savoir : le double fardeau de la malnutrition (sous-nutrition et surnutrition). L'amélioration de la nutrition des femmes profite aux enfants. Des niveaux élevés d'insuffisance pondérale chez les femmes sont intimement liés à une forte prévalence de retard de croissance et de l'émaciation chez les enfants (Rapport final de l'Enquête SMART, 2022 :78).

3.3.4 Indicateurs d'accès à l'eau potable et à l'énergie

3.3.4.1 Indicateurs d'accès à l'eau potable

3.3.4.1.1 Données issues de l'EDSM

L'accès à l'eau potable est également très inégal dans le monde. Bien que l'eau soit une ressource vitale, il y a encore aujourd'hui près de 40% de la population des pays les moins avancés qui n'accèdent pas facilement à une eau potable. De plus, cette ressource est de plus en plus dégradée par la pollution.

Le taux d'accès de la population à l'eau potable enregistre une évolution croissante de 2013 à 2017 aussi bien en milieu rural qu'en milieu urbain. En 2017, 68% des Maliens avaient accès à l'eau potable dont 74,7% en milieu urbain et 65,3% en milieu rural. Les résultats de l'enquête EDSV-M 2012-2013 indiquent que 66% de la population au Mali utilisait une source améliorée d'eau potable en 2013, dont 93% en milieu urbain et 59% en milieu rural. Selon l'enquête MICS réalisée en 2015, ces taux étaient de 69%, 93% et 63%, respectivement aux niveaux national, urbain et rural. Au niveau régional, le District de Bamako détient le taux le plus élevé d'accès à l'eau potable en 2015 (99%), suivi des régions de Tombouctou (71%), Sikasso (69%), Mopti (60%) et Gao (60%) (Enquêtes MICS – 2015).

Ces résultats indiquent un accroissement du niveau d'accès des populations à l'eau potable. Il s'agit là d'une avancée remarquable dans la recherche de meilleures conditions de vie de la population. L'impact est d'ailleurs perceptible à travers l'évolution de la prévalence de certaines maladies hydriques de 2013 à 2016, telles que le choléra dont le nombre de cas enregistrés est passé de 22 à 0 cas et le ver de Guinée dont le nombre de cas enregistrés est passé de 11 à 0 cas (SLIS DNS). Toutefois, des efforts restent encore à déployer en milieu rural qui abrite les couches les plus pauvres et les plus vulnérables du Mali.

La figure ci-après donne l'évolution du taux d'accès à l'eau potable au Mali pour la période allant de 2011 à 2018, selon les enquêtes EMEP 2001, ELIM 2006 et EMOP.

Figure 18 : Evolution du taux d'accès à l'eau potable selon les enquêtes EMEP 2001, ELIM 2006 et EMOP 2011 et 2018

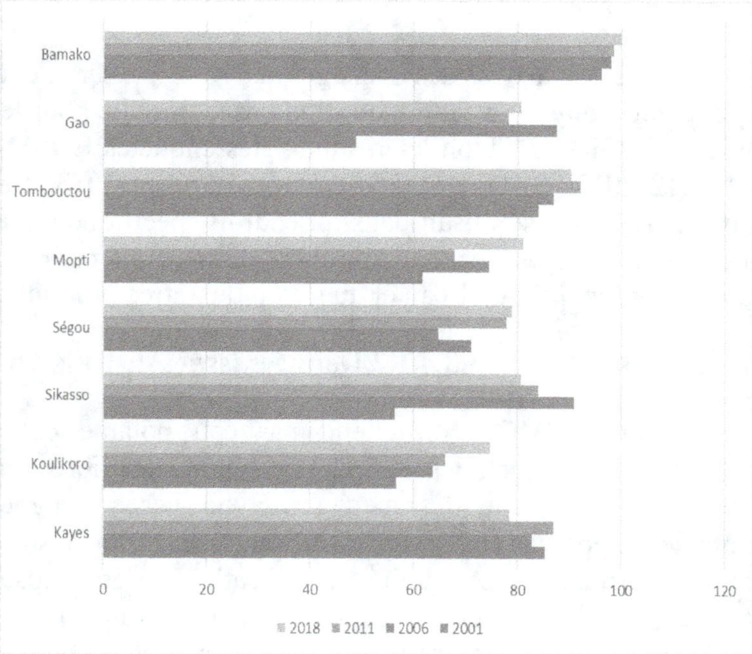

Source : Enquêtes EMEP 2001, ELIM 2006 et EMOP 2011 et 2018.

L'accès à l'hygiène est évalué à travers l'utilisation d'installations sanitaires améliorées, le lavage des mains et le traitement de l'eau à domicile et est estimé à partir des enquêtes MICS 2015 et EDSV-M 2012-2013. Le pourcentage des ménages au Mali qui faisait la défécation dans la nature est passé de 14% en 2010 à 11% en 2015. Ce qui signifie que les latrines sont de plus en plus utilisées. Également, 33% des ménages utilisaient des toilettes améliorées non partagées avec d'autres ménages, alors que 9% utilisaient des toilettes améliorées partagées. Selon la même enquête, 51% des ménages des villes bénéficiaient en plus d'une source d'eau potable, des toilettes améliorées. Ce taux était de 22% en campagne, 28% au niveau national, 56% dans le District de Bamako et 34% à Kayes.

En 2015, 61 % des ménages au Mali se servaient d'une bouilloire ou d'un bol ou d'un bassin mobile pour le lavage des mains. Selon les résultats des enquêtes EDSV-M 2012-2013, ce taux était d'environ 26% en 2013. Le lavage de mains se faisait dans un endroit spécifique pour 12% des ménages pendant que 29% disposaient pour ce faire, d'un endroit, de l'eau et du savon ou autres produits.

3.3.4.1.2 Données issues de l'EMOP

Selon l'EMOP, on attend par eau potable celle provenant du robinet, des forages et des puits améliorés ou protégés. Au niveau des ménages, avoir accès à l'eau potable s'apprécie en termes d'utilisation dans la mesure où les concepts accessibilité et utilisation stricto sensu n'ont pas très souvent le même contenu. Au sens de l'EMOP, dire qu'un ménage a accès à l'eau potable signifie que ce ménage en dispose pour la satisfaction de ses besoins en eau de boisson. En 2022, les résultats de l'enquête montrent des taux d'accès à l'eau potable assez élevés au niveau de tous les milieux de résidence et ce, quel que soit le statut de pauvreté. Ainsi, il ressort que plus de sept ménages pauvres sur dix (77,8 %) en milieu urbain ont accès à l'eau potable contre un peu plus de huit ménages sur dix (82,5 %) en milieu rural (Résultats annuels de l'EMOP-2022 : 62). Le graphique ci-après montre le taux d'accès des ménages à l'eau potable en 2022 selon le milieu de résidence et le statut dans la pauvreté.

Figure 19 : Accès des ménages à l'eau potable par niveau de pauvreté selon le milieu de résidence (%)

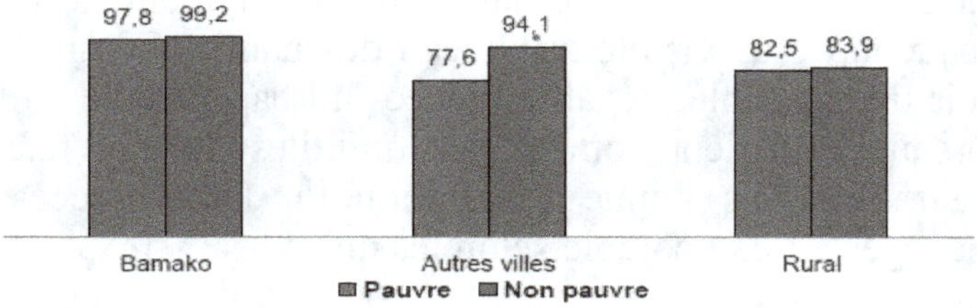

Source : EMOP-2022.

Sur la période 2001-2022, la grande majorité des régions ont connu une amélioration quant à l'accès à l'eau potable. On observe une amélioration nette de l'accès à l'eau potable. En effet, le pourcentage est passé de 68,9 % en 2001 à 83,6 % en 2017 avant d'atteindre 86,6 % en 2022. Le tableau ci-dessous montre l'évolution du taux d'accès des ménages à l'eau potable selon les régions de 2001 à 2022.

Tableau 1 : Evolution de l'accès des ménages à l'eau potable selon la région (%)

Année	Kayes	Koulikoro	Sikasso	Ségou	Mopti	Tombouctou	Gao	Kidal	Bamako	Ensemble
2001	85,3	56,6	56,3	71,0	61,6	83,9	48,7	67,9	96,1	**68,9**
2006	82,7	63,7	90,8	64,7	74,4	86,8	87,5	88,8	97,9	**78,8**
2009	74,0	70,1	68,1	65,2	61,0	69,9	70,8	45,5	99,1	**72,3**
2011	87,1	66,1	83,9	77,8	67,8	92,1	78,1	85,0	98,4	**80,7**
2014	81,0	59,2	76,5	72,0	83,7	97,1	59,5		98,8	**78,6**
2015	88,7	73,6	83,4	76,3	86,4	97,0	69,3		99,8	**84,6**
2016	79,0	68,0	83,2	70,8	86,3	96,8	80,6		99,6	**82,0**
2017	85,8	79,6	79,3	70,3	84,2	98,6	77,9		99,5	**83,6**
2018	78,4	74,7	80,5	78,8	81,0	90,3	80,6		100,0	**82,9**
2019	78,7	78,6	77,6	83,4	87,4	89,0	98,2	93,7	98,9	**85,7**
2020	78,9	82,1	80,0	79,0	91,5	97,0	95,4	80,1	99,2	**86,5**
2021	73,2	62,5	72,2	74,5	94,2	95,8	89,6	47,3	99,4	**81,4**
2022	86,7	94,1	83,8	69,8	89,8	98,1	81,1	72,8	99,0	**86,6**

Sources : EMEP 2001, ELIM 2006, ELIM 2009, EMOP-2011, EMOP-2014, EMOP-2015, EMOP-2016, EMOP-2017, EMOP-2018, EMOP-2019, 2022.

En tenant compte du quintile, on note une augmentation de l'accès à l'eau potable entre 2011 et

2022. En termes d'inégalités, on observe que sur la même période, la situation au sein des populations nanties et moins nanties n'est pas la même. L'augmentation étant beaucoup plus visible au niveau des nantis. Ce qui laisse voir une sensible inégalité d'accès à l'eau potable au Mali lorsque l'on tient compte des quintiles de pauvreté. La figure ci-après donne l'évolution du taux d'accès des ménages à l'eau potable selon les quintiles (%).

Figure 20 : Evolution du taux d'accès des ménages à l'eau potable selon les quintiles (%)

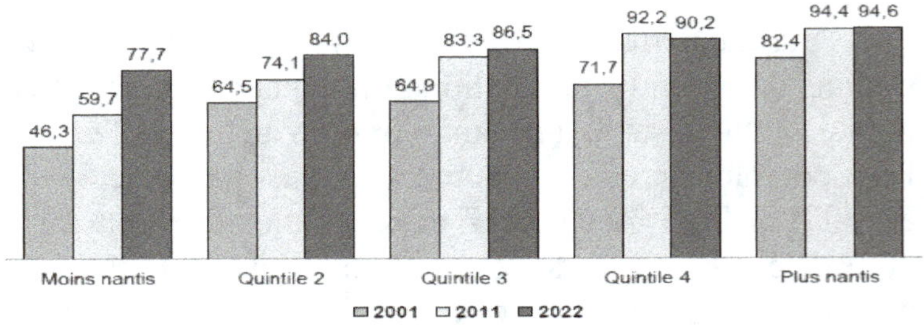

Sources : EMEP 2001, EMOP 2011, EMOP 2021.

3.3.4.2 Indicateurs d'accès à l'énergie

L'accès à l'électricité constitue un facteur important de discrimination entre les villes et les zones rurales. Un ménage a accès à l'électricité s'il est connecté au réseau de l'EDM (ou réseaux similaires) ou s'il utilise un groupe électrogène ou des panneaux solaires. Bien que cet accès reste partout limité, avec plus de 58% des ménages connectés en 2017, il est nettement plus répandu en ville (86 % en 2017) qu'à la campagne où la connexion à l'électricité est très faible (25,62 % en 2017). Le taux d'accès à l'électricité est passé de 34,43 % en 2013 à 58,6 % en 2017, soit une augmentation de 24,17 points de pourcentage au cours de ces cinq dernières années. Dans cet élan, le milieu urbain creuse l'écart, avec un taux d'accès de 86% en 2017 contre 66,8% en 2013, soit un accroissement de 19,2 points de pourcentage pendant que le milieu rural est à 25,62% en 2017 contre 17,56% en 2013, soit une augmentation de 8 points de pourcentage[15] (Rapport national sur l'Etat de l'Environnement au Mali-2017 : 102). Selon les enquêtes EMEP-2001, ELIM-2006, EMOP-2011, EMOP-2018-2019, le taux d'accès à l'électricité s'est amélioré dans toutes les régions. Toutefois, les régions de Gao, Tombouctou, Kidal et Kayes ont des taux d'accès à l'électricité les plus faibles du pays.

Le taux d'accès à l'électricité est passé de 9,2 % en 2001 à 73,1 % en 2022 pour les pauvres. La disparité entre les pauvres et les non-pauvres est presque la même dans le milieu rural (72,1 % contre 70,1 % respectivement). La figure ci-après donne le niveau du taux d'accès à l'électricité par niveau de pauvreté selon le milieu de résidence et le statut dans la pauvreté (%) en 2022 (Résultats annuels de l'EMOP-2022 : 63).

Figure 21 : Taux d'accès à l'électricité par niveau de pauvreté selon le milieu de résidence et le statut dans la pauvreté (%) en 2022

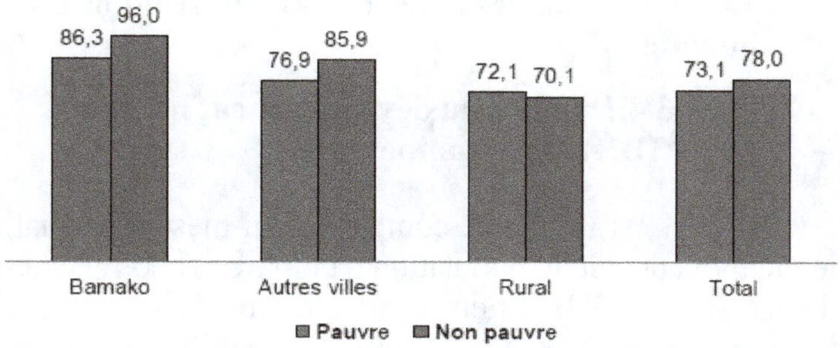

Source : EMOP-2022.

Au niveau régional, on observe de fortes inégalités d'accès à l'électricité. Le District de Bamako se démarque

[15] Système d'Information Energétique (SIE).

clairement des autres régions avec un taux d'accès à l'électricité qui a fait un grand bond entre 2001 (36,1 %) et 2022 (94,8 %). Toutes les autres régions, exceptées Koulikoro et Sikasso, ont également connu la même évolution, mais dans une moindre proportion (Résultats annuels de l'EMOP-2022 : 64). Le tableau ci-dessous donne l'évolution de l'accès à l'électricité par région (%).

Tableau 2 : Evolution de l'accès à l'électricité par région (%)

Année	Kayes	Koulikoro	Sikasso	Ségou	Mopti	Tombouctou	Gao	Kidal	Bamako	Ensemble
2001	3,8	6,3	4,1	6,4	9,4	2,8	6,9	18,1	36,1	9,2
2006	12,4	14,6	17,7	11,7	10,3	14,3	7,3	34,7	70,5	20,1
2009	16,5	23,8	19,8	13,5	7,2	13,7	9,7	30,9	69,9	23,7
2011	31,1	31,9	27,4	25,8	21,2	12,3	21,7	43,9	80,0	34,3
2014	23,9	34,3	60,3	39,6	19,5	14,6	20,4		84,1	40,7
2015	24,7	43,8	69,6	43,8	23,1	13,7	24,9		84,9	44,8
2016	30,9	53,8	79,6	54,9	30,0	18,6	25,7		88,3	52,0
2017	38,7	74,2	82,1	63,9	30,1	20,5	25,1		90,0	58,6
2018	47,5	70,8	87,0	75,8	46,8	37,6	26,2		93,0	65,6
2019	49,0	82,5	87,6	84,1	39,6	27,8	26,5	76,3	95,3	67,7
2020	45,3	90,9	91,6	82,5	40,7	39,7	26,9	63,0	95,6	70,8
2021	47,8	80,6	91,5	90,5	66,8	39,9	33,7	8,0	96,1	74,1
2022	49,5	91,6	90,7	89,1	65,5	39,5	38,9	42,2	94,8	76,3

Sources : EMEP 2001, ELIM 2006, ELIM 2009, EMOP-2011, EMOP-2014, EMOP-2015, EMOP-2016, EMOP-2017, EMOP-2018, EMOP-2019, EMOP-2022.

3.4 Evolution des indicateurs de développement humain

3.4.1 Indice du développement humain (IDH) et ses composantes

L'IDH est un indice composite qui mesure la qualité de vie moyenne de la population d'un pays. Théoriquement, l'indice va de 0 à 1. Il tient compte de trois dimensions du développement humain. D'abord, la possibilité d'avoir une vie longue et en bonne santé, en se fondant sur l'espérance de vie à la naissance. Ensuite, le niveau de scolarisation, évalué à partir du taux d'analphabétisme et de la fréquentation des différents niveaux du système scolaire. Enfin, le standard de vie, calculé à partir du produit intérieur brut (PIB) par capita en tenant compte de la parité du pouvoir d'achat (PPA). La PPA sert à mesurer le pouvoir d'achat relatif aux monnaies de différents pays pour les mêmes types de biens et de services. Étant donné que le prix des biens et des services peut varier d'un pays à l'autre, la PPA permet de comparer plus exactement le niveau de vie de différents pays. Pour estimer la PPA, on compare le prix d'articles analogues, mais comme les articles disponibles dans les différents pays et à différentes périodes ne sont pas identiques, ces estimations ne sont pas toujours solides[16].

L'IDH du Mali a connu une croissance remarquable entre 1990 et 2021. Selon les données du PNUD, son taux de croissance a été d'environ 2% sur la période 1990–2021, de 3% sur la période 1990–2000, de 2,4% entre 2001 et 2010 et de 0,5% sur la période 2011–2021. Le graphique suivant donne l'évolution de l'IDH du Mali selon les données du PNUD.

Figure 22 : Evolution de l'IDH du Mali de 1990 à 2021.

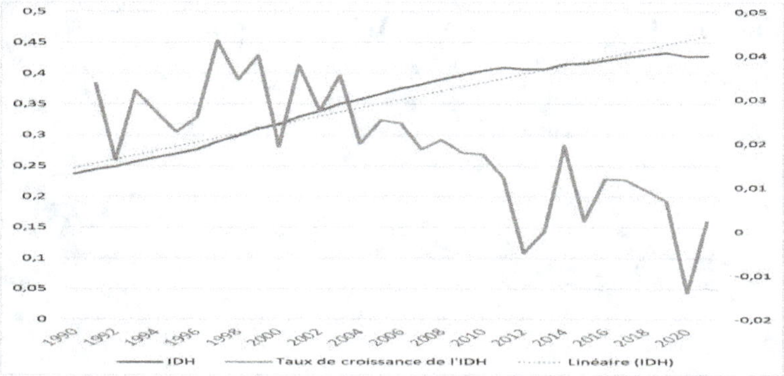

Source : Données du PNUD, rapports sur le développement humain.

[16] Perspective Monde : outil pédagogique des grandes tendances mondiales depuis 1945. « Indice de développement humain (IDH) ». Url : http://perspective.usherbrooke.ca/bilan/tend/MLI/fr/SP.POP.IDH.IN.html, consulté le 15 janvier 2024.

On remarque que le rythme de progression de l'IDH a baissé ces dernières années, précisément entre 2010 et 2021. L'explication de ce ralentissement pourrait être bien recherchée du côté de l'Indice du développement humain ajusté aux inégalités (IDHI). Autrement dit, une augmentation de l'IDHI serait la cause très probablement du ralentissement de l'IDH. Une autre explication peut venir des dimensions de l'IDH. En effet, ces dix dernières années (2012 à 2021), le Mali a été touché par une crise qui a affecté le niveau d'éducation et de santé de la population.

En tenant compte du niveau régional, Bamako a le meilleur indice de développement humain, suivi de Koulikoro et de Sikasso. Cela peut être dû au niveau de concentration des services en termes d'offres (santé et éducation). En tant que capitale du Mali, Bamako a le niveau de vie le plus élevé par rapport aux autres régions. La figure ci-après donne l'évolution de l'IDH par région.

Figure 23 : Evolution de l'IDH par région

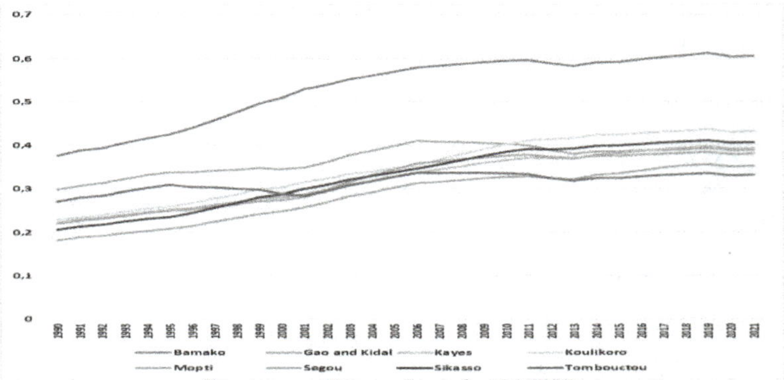

Source : Données du PNUD.

En tenant compte du sexe, on remarque aussi que l'IDH des hommes est plus élevé que celui des femmes. Cela peut s'expliquer par les différences de niveaux d'éducation et de revenus qui sont plus favorables aux hommes. En revanche, les femmes ont une espérance de vie plus élevée que les hommes au Mali. Le graphique ci-après donne l'évolution de l'IDH selon le sexe.

Figure 24 : Evolution de l'IDH selon le sexe

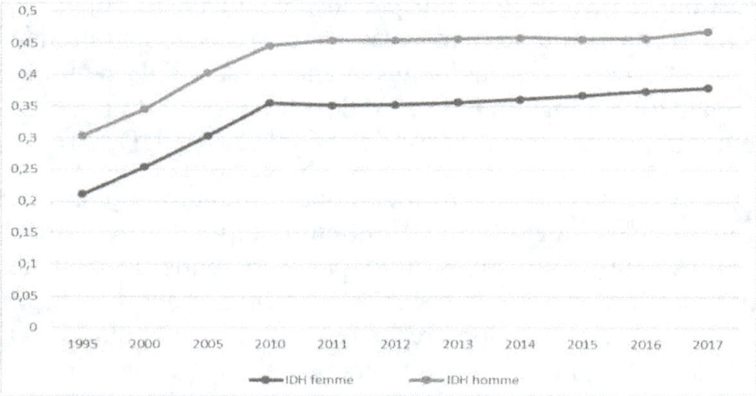

Source : Données du PNUD.

3.4.2 Indice du développement humain ajusté aux inégalités

L'IDH, faut-il rappeler, représente une moyenne nationale des niveaux atteints dans les trois dimensions fondamentales du développement humain : une vie longue et en bonne santé, l'acquisition de connaissances et un niveau de vie décent. Comme toutes les moyennes, l'IDH masque des écarts dans le développement humain au sein de la population d'un même pays. Deux pays affichant une répartition différente de leurs réalisations peuvent néanmoins avoir la même valeur moyenne d'IDH.

Introduit en 1990, l'Indice du développement humain du PNUD, pionnier dans le domaine, offre également un moyen de classer les pays. Conçu comme une alternative aux mesures conventionnelles de développement national, il propose une définition plus large du bien-être et aboutit à une mesure composite basée sur les trois éléments de base du développement humain :

le revenu, l'espérance de vie et l'éducation. Depuis 2010, le PNUD propose également un indice du développement humain ajusté en fonction des inégalités (IDHI) pour mieux rendre compte de l'effet des inégalités sur les classements des pays. Ces deux mesures seraient en fait identiques s'il n'y avait pas d'inégalités. En ce sens, l'IDHI représente le niveau réel de développement humain (tenant compte des inégalités), tandis que l'IDH peut être considéré comme un indice de développement du potentiel humain possible en l'absence d'inégalités (PNUD, 2012).

L'indice du développement humain ajusté en fonction des inégalités (IDHI) tient compte non seulement des avancées moyennes d'un pays en matière de santé, d'éducation et de revenus, mais il examine aussi la façon dont ces avancées sont réparties parmi sa population en « réduisant » la valeur moyenne de chaque dimension en fonction de son degré d'inégalité (Harttgen, Klasen, 2009).

L'IDHI réduit l'IDH selon les inégalités de répartition de ses différentes dimensions au sein de la population (Klugman, 2010 ; Alkire et Foster, 2010). Pour cela, il prend en compte la moyenne géométrique de chaque variable (entre valeurs au sein de la population) divisée par sa moyenne arithmétique. L'évaluation de l'IDH, comme de l'IDHI, montre que ces indicateurs sont de bonne qualité. **Le rapport IDHI/IDH est un indicateur d'égalité du pays, variant de 0 (inégalité) à 1 (égalité).** Des inégalités de chance et de choix criantes découlent non seulement des inégalités de revenu, mais aussi des inégalités en matière d'éducation, de santé, de représentation, d'accès à la technologie et d'exposition aux chocs.

Depuis 2010, l'IDHI est publié pour illustrer la répartition du développement humain à l'intérieur des pays. En présence d'une égalité parfaite, l'IDH et l'IDHI sont égaux. En présence d'inégalités dans la répartition de la santé, de l'éducation et des revenus, l'IDH d'une personne moyenne dans une société est inférieur à l'IDH global. Plus l'IDHI est faible, plus la différence entre l'IDHI et l'IDH est importante, plus les inégalités sont prononcées.

Selon les données du PNUD, l'IDHI du Mali a augmenté entre 2013 et 2021. Cette augmentation est une des causes du ralentissement de l'IDH sur ladite période. Par exemple, en 2017, la perte de valeur de l'IDHI est de 28,3%. Le graphique ci-dessous donne l'évolution de l'IDHI du Mali (2013-2021).

Ainsi, de 2015 à 2019, l'IDHI a enregistré une tendance à l'augmentation. Une baisse est intervenue en 2020, suivie d'une hausse en 2021. Plusieurs facteurs peuvent expliquer cette dynamique de l'IDHI. Le contexte de la crise peut être une des causes de la perte de développement humain. Cette crise semble avoir affecté le niveau d'éducation et de santé à cause des conditions difficiles d'accès dans certaines régions du pays (nord et centre).

Figure 25: Evolution de l'IDHI du Mali

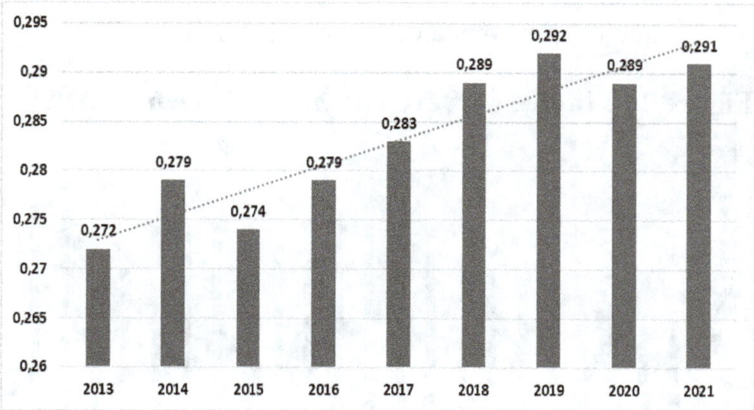

Source : Données du PNUD.

3.4.3 Indice de développement de genre (IDG)

L'indice de développement de genre mesure les différences d'IDH par sexe. Il contient les IDH estimés séparément pour les femmes et les hommes, dont le rapport correspond à l'IDG. Plus il se rapproche de 1, plus l'écart entre les femmes et les hommes est moindre.

Les valeurs pour les trois composantes de l'IDH, à savoir la longévité, l'éducation (deux indicateurs) et le revenu, sont également présentées par sexe. Les pays sont classés en cinq groupes en fonction de l'écart absolu par rapport à la parité des sexes dans l'IDH.

Sur la période 2000 à 2021, l'IDG du Mali a connu une augmentation, en passant de 0,769 à 0,887. Cela indique que les inégalités de développement humain entre les hommes et les femmes ont baissé. Trois tendances se dégagent :

- entre 20 00 et 2012, la tendance à la hausse s'est maintenue ;
- pour les années 2013 et 2014, l'indice a connu une baisse ; et
- une hausse constatée à partir de 2015.

Figure 26 : Indice de Développement de Genre (IDG)

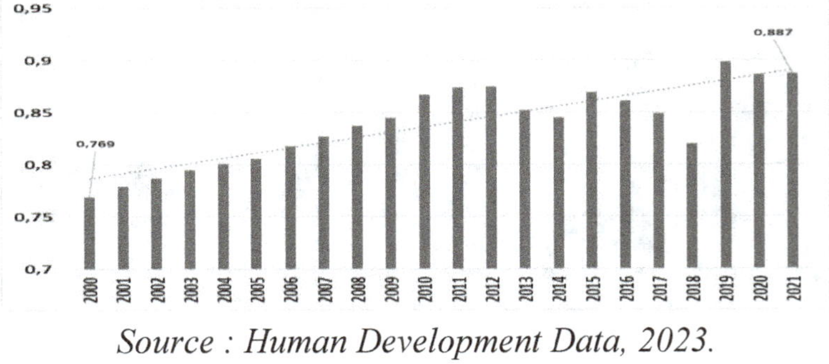

Source : Human Development Data, 2023.

En tenant compte des régions, on observe que les inégalités de DH entre les hommes et les femmes sont plus faibles à Bamako (niveau de l'IDG élevé). La région de Kayes a le plus faible niveau de l'IDG sur la période considérée. La figure ci-après donne l'évolution de l'IDG selon la région.

Figure 27 : Evolution de l'Indice de développement de genre (IDG) par région

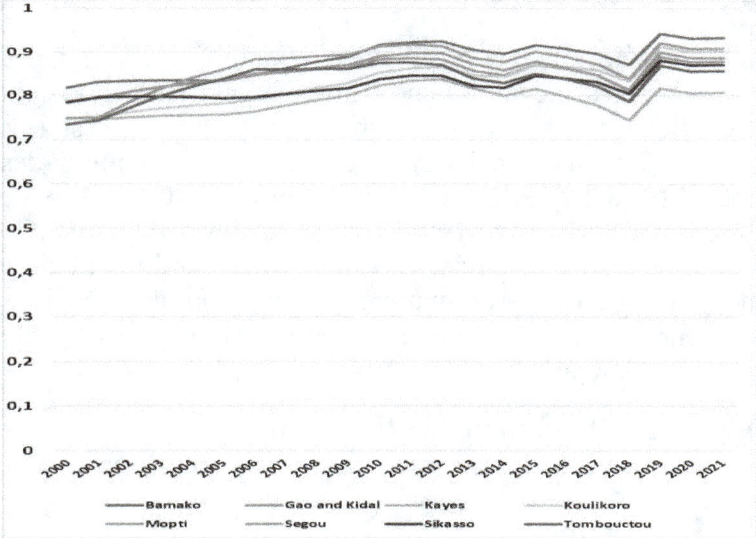

Source : Données du PNUD.

3.4.4 Indice d'Inégalités de Genre

L'indice d'inégalités de genre (IIG) est un indice créé par le PNUD destiné à évaluer les différences entre les sexes dans la distribution des progrès et à estimer la perte de développement humain due aux écarts de traitement entre hommes et femmes. Il est estimé selon trois dimensions : la santé reproductive des femmes, leur autonomisation et le marché du travail. Il permet ainsi d'estimer les pays dans lesquels les femmes sont plus ou moins désavantagées. Sa valeur est comprise en 0 et 1 ; et plus sa valeur est élevée, plus le pays est inégalitaire entre hommes et femmes.

L'IIG du Mali a connu une dynamique décroissante entre 1990 et 2021. Entre 1990 et 2005, la tendance baissière s'est beaucoup accentuée. De 2006 à 2011, l'IIG a enregistré une tendance à la hausse. Entre 2012 et 2015, les inégalités ont repris la tendance baissière avant 2006. Mais, après une hausse en 2016 par rapport à 2015, l'IIG a amorcé une nouvelle dynamique à la baisse.

D'une manière générale, malgré la tendance baissière, les inégalités entre hommes et femmes restent très élevées au Mali. Le rythme de diminution est très faible. Cela met en exergue un caractère structurel des inégalités entre les deux sexes. En effet, la dynamique de baisse constatée entre 1990 et 2005 ne s'est pas poursuivie sur le reste de la période. Ce qui laisse apparaitre la baisse des efforts du pays en matière de réduction des inégalités de genre. La figure ci-après donne l'évolution de l'IIG du Mali de 1990 à 2021.

Figure 28 : Evolution de l'IIG du Mali

Source : Mali'Human development summary capturing achievements..., 2023/Human Development Data, 2023.

IV. PRINCIPALES CONTRAINTES ET IMPLICATIONS DES POLITIQUES DE RÉDUCTION DES INÉGALITES SOCIALES ET DE DÉVELOPPEMENT HUMAIN (DH)

Les inégalités font partie des grandes problématiques de ce 21ème siècle. De profondes différences de développement existent entre les hommes, entre nord et sud, entre les régions et à l'intérieur des pays. Ce sont des inégalités de richesses, de modes de vie, d'alimentation, de santé, d'éducation, voire de développement humain. Elles opposent schématiquement un Nord riche et industrialisé à un Sud pauvre en développement. Les pays pauvres représentent 80 % de la population mondiale, mais ne concentrent que 20 % des richesses. En revanche, les pays riches et industrialisés, au nombre d'une trentaine environ, représentent 20 % de la population mondiale mais détiennent 80 % des richesses. De plus, leur richesse ne cesse de s'accroître, aggravant encore les inégalités. L'accès à l'éducation est très inégal selon le niveau de développement des pays. Certains pays, parmi ceux en voie de développement, ont plus de 50 % de leur population adulte qui est analphabète, c'est-à-dire qui ne sait ni lire ni écrire. De même, le développement des secteurs d'activités primaire, secondaire et tertiaire est très inégal d'un pays à l'autre. Le secteur primaire (agriculture, élevage et pêche) est dominant dans les pays en voie de développement, alors que le secteur tertiaire (services, dont tourisme et information) est dominant dans les pays développés.

De grandes inégalités alimentaires existent dans le monde. Les populations des pays industrialisés sont souvent suralimentées, alors que celles des pays les moins avancés souffrent régulièrement de sous-alimentation. L'accès à l'eau potable est également très inégal dans le monde. Bien que l'eau soit une ressource vitale, il y a encore aujourd'hui près de 40% de la population des pays les moins avancés qui n'accèdent pas facilement à une eau potable. De plus, cette ressource est de plus en plus dégradée par la pollution.

De grandes inégalités sanitaires existent également dans le monde. Les trois principales maladies qui dévastent la planète – le sida, la tuberculose et le paludisme – touchent essentiellement les pays pauvres. L'encadrement médical et les moyens des États et des populations permettent de mieux lutter contre les maladies dans les pays industrialisés. En revanche, l'accès à une médecine de qualité est très difficile dans les pays en voie de développement. L'espérance de vie est un indicateur intéressant du développement d'un pays. Elle révèle la qualité de son état sanitaire et alimentaire ainsi que son degré de protection sociale.

Dans le cas précis du Mali, l'analyse des indicateurs d'accès aux services sociaux de base met en exergue différents types d'inégalités selon le milieu, la catégorie socioprofessionnelle, le niveau de pauvreté, voire la région. En termes d'inégalités de réussite scolaire par exemple, on observe que lorsqu'un enfant est en milieu rural, il a moins de chance de réussite qu'un enfant issu du milieu urbain. D'ailleurs, par rapport à ce milieu, que ça soit en termes de services de santé, d'éducation, d'eau et d'assainissement, d'énergie, les chiffres montrent des différences énormes de niveau d'accès, en comparaison avec les zones rurales.

Les services publics d'éducation, de santé, de protection sociale bénéficient plus au milieu urbain et aux non pauvres qu'au milieu rural et aux pauvres. Ainsi, les principaux défis du gouvernement malien seraient de faire face à ces formes d'inégalités dont la réduction serait encore plus difficile compte tenu de la situation de crise que traverse le pays depuis quelques années. De plus, les vagues de contestations sociales, notamment les grèves professionnelles et mouvements de contestation de la qualité des infrastructures routières de ces dernières années (Kayes, …) montrent à suffisance l'importance des défis.

Aujourd'hui, plus que jamais, on remarque que la santé et l'éducation sont stratifiées en fonction du statut socio-économique. Les pauvres se contentent des services minimums de moindre qualité, alors que les riches et les élites se contentent des meilleurs services, tant à l'intérieur qu'à l'extérieur du pays. Il est évident que la qualité des services publics serait meilleure s'il n'y avait pas de différence dans le traitement des citoyens. Ces formes d'inégalités visibles peuvent nuire à la cohésion sociale, car elles ne sont pas acceptables du point de vue de la justice et de l'équité sociale.

Dans cette partie du travail, nous mettons l'accent sur les principales contraintes qui peuvent empêcher la réduction des inégalités sociales au Mali. Il s'agit des conséquences de la crise commencée en 2012, qui affectent à la fois l'offre de services publics, en particulier dans les régions les plus touchées, mais aussi et surtout aggravent les différences visibles entre milieux, entre régions, mais aussi et surtout entre riches et pauvres. À cela s'ajoute la vulnérabilité multiforme du Mali, liée à la nature de son économie et à l'absence de meilleures perspectives face à l'accumulation des problèmes de développement. Par exemple, le système éducatif perd de plus en plus en qualité et cela aura comme conséquences non seulement la hausse du chômage, mais surtout la diminution de la qualité des services publics du fait de la qualité du capital humain.

Aussi, comme l'a fait remarquer Oxfam (2019) dans son rapport mettant l'accent sur l'engagement des pays à réduire les inégalités, la qualité des politiques sociales est une condition nécessaire pour éviter une crise liée aux inégalités. Les choix publics ont un rôle important à jouer dans la réduction des inégalités. Ainsi, en présence de défaillances stratégiques (inefficacités des politiques, mauvais ciblage, corruption dans les services publics, ...), les populations seront davantage exposées à l'aggravation des différentes formes d'inégalités qui risquent de s'accumuler au lieu de se réduire.

À cet égard, des études ont montré que les transferts publics ne bénéficient qu'aux riches et principalement au milieu urbain (Grünewald F., Baché J., Léon V., Sokpoh B., 2015). Cela devra amener le pays à se pencher sur la qualité de ses choix stratégiques en matière de réduction de la pauvreté et des inégalités. De plus, l'inexistence d'un dispositif de suivi et d'évaluation des inégalités sociales rend difficile la mise en place de politiques publiques favorables à leur réduction. Les types d'inégalités mis en avant dans les analyses concernent les inégalités de revenus. Or, tout comme la pauvreté, les inégalités sont multidimensionnelles.

4.1 Vulnérabilité multiforme et conséquences négatives de la crise débutée en 2012

4.1.1 Forte croissance démographique et ruralité de l'économie

Depuis les résultats du RGPH 2009, la croissance démographique annuelle est estimée à 3,6%. Ce taux, tout en pesant sur l'équilibre entre populations et ressources, constitue l'un des principaux défis sociaux du pays. En effet, trois (3) Maliens sur cinq (5) sont âgés de moins de 25 ans. Ces dynamiques dépassent les capacités de l'écosystème à produire de la biomasse et des revenus, et celles de l'économie à absorber les surplus de populations rurales et enfin, à long terme, celles de l'État à assurer précisément les dépenses en matière de santé, d'éducation au profit de tous.

L'économie malienne est de facto très sensible aux aléas climatiques, aux variations des prix des matières premières et aux événements politico-sécuritaires qui peuvent entraver la circulation des biens et réduire la confiance des investisseurs. Les différences entre le Nord et le Sud du Mali sont largement représentatives de la diversité qui existent dans le pays. En effet, le Mali s'étend des zones sahariennes situées tout au nord jusqu'aux milieux plus humides dits « soudaniens et soudano-guinéens » au sud. Les zones sahélo-sahariennes et sahariennes se caractérisent, d'une part, par une très forte aridité et, d'autre part, par une importante hétérogénéité spatiale, temporelle et interannuelle des précipitations. La diversité des groupes ethniques, la complexité de leurs interactions économiques (foncières, pastorales, etc.), voire politiques (relations d'exploitation, de domination et de protection), et l'histoire des interrelations entre les groupes demandent une attention particulière.

4.1.2 Insécurité alimentaire et crise sociopolitique

Le Mali appartient à la bande sahélienne qui a une longue histoire de vulnérabilité chronique à l'insécurité alimentaire, comme expliqué ci-dessus. En sept ans, pas moins de trois crises alimentaires (2005, 2010 et 2012-2013) ont fragilisé l'ensemble des communautés maliennes. L'histoire des tensions politiques et des crises sécuritaires au Mali recoupe très fortement celles des crises nutritionnelles et des situations économiques, alimentaires et environnementales très dégradées. Les dynamiques structurelles (gouvernance défiée, croissance démographique, hausses générales des prix des produits alimentaires depuis 2005-2006, changements climatiques, etc.) et les phénomènes conjoncturels rendent les populations toujours plus vulnérables. D'ailleurs, la multiplication des déficits hydriques et des stress économiques sur les populations a contribué à accélérer la décapitalisation des économies rurales et l'exode vers les villes, à envenimer les conflits fonciers (terres irrigables, pâturages de saison sèche, etc.) et à accélérer le développement de stratégies de survie qui relèvent, soit de l'économie prédatrice sur l'écosystème (bois et charbon), soit des économies illicites et informelles.

Les situations économique, agricole et alimentaire du Mali sont toujours marquées par le raccourcissement des périodes entre deux crises agroclimatiques qui augmente les difficultés des populations dans une zone où les niveaux de malnutrition chronique sont de façon endémique.

Par ailleurs, les communautés du Nord du Mali (Touaregs, Arabes, Bellahs, Songhoï, Peulh, Bozos, etc.), comme du Nord de la Mauritanie ou du Niger, ont toujours connu des relations ambiguës, basées à la fois sur :

(i) des complémentarités qui rendent les interrelations indispensables ;

(ii) des systèmes de domination/protection/exploitation qui contribuent aux tensions ; et

(iii) des conflits fonciers que l'histoire a souvent exacerbés.

Ces différents éléments ont entraîné et continuent d'entraîner des mutations profondes des milieux naturel et humain : certains groupes ont connu à plusieurs reprises l'exil des camps de réfugiés, tandis que d'autres ont cherché la survie dans les villes. À la sédentarisation font souvent écho des modifications profondes des relations sociales, avec une redistribution des rôles entre hautes castes et anciens serviteurs, ainsi qu'une transformation de la position de la femme.

Cette succession de crises a permis aux habitants de la partie Nord du Mali d'être exposés aux agences humanitaires, avec les aspects positifs et négatifs que cela suppose. Ces crises ont eu plusieurs conséquences importantes pour les populations locales longtemps coupées du monde. Elles ont entraîné l'exode vers les villes, la migration à l'étranger ou encore l'exode vers les camps de réfugiés. Dans ces nouveaux lieux de vie, les nomades apprennent d'autres manières de vivre, font l'expérience de la dure réalité de l'emploi urbain et s'habituent au fonctionnement de l'aide humanitaire (Grünewald F., Baché J., Léon V., Sokpoh B., 2015).

La crise actuelle, débutée en 2012, se déroule dans un contexte de gouvernance contestée et soulève dans la société malienne de nombreuses questions liées à la maturité démocratique acquise depuis 1991 et aux jeux nouveaux des acteurs politiques et de la société civile. La gouvernance de la période 2000-2010 a pu laisser l'installation, sur le sol national, de mouvements radicaux extérieurs et des réseaux de l'économie illicite et informelle. Ceci pose la question de la crédibilité de nombreux acteurs politiques qui étaient déjà en position de responsabilité. Malgré les efforts réels, pas toujours couronnés de succès, les rancœurs et incompréhensions réciproques rendent le dialogue plus difficile et son caractère non inclusif par le passé ne favorise pas une résolution immédiate de la crise. La radicalisation de segments entiers de la jeunesse des zones concernées et l'interconnexion croissante entre les mouvements de l'Islam radical au niveau sous-régional (Boko Haram, Al Qaida, El Sheebab, etc.) sont les conséquences en partie des difficultés économiques qui affectent toute la zone et du manque de perspectives politiques, morales et éthiques qui s'offrent à la jeunesse. Le dialogue politique semble plus difficile que lors de la crise précédente. Les espoirs nombreux qu'avait suscités la chute du Général Moussa Traoré ne sont plus là et la confiance entre les acteurs du débat politique est tout sauf établie (Grünewald F., Baché J., Léon V., Sokpoh B., 2015).

4.2 Défaillances stratégiques de l'Etat

Avec l'avènement de la lutte contre la pauvreté, la fin des années 1990 semblait être un renouveau de la planification au Mali. Mais les problèmes restent importants à plus d'un titre à la fois au niveau de la planification stratégique et de la planification opérationnelle. À chaque fois, un décalage entre le niveau stratégique et le niveau opérationnel est observé. Ceci a abouti à un ensemble de réformes dans les domaines de la planification et de la statistique. Le temps de ces réformes joue dans la mise en place d'une planification continue. Les problématiques importantes sont prises en compte avec un retard lié à plusieurs facteurs, notamment la complexité des urgences.

L'échec de l'État dans l'offre de services publics de qualité provient des interventions institutionnelles inefficaces, entravant la croissance économique nationale et s'avèrent souvent plus coûteuses à l'économie du point de vue de la recherche de rentes et de la corruption qu'il génère que les défaillances du marché que les États tentaient de rectifier en premier lieu (Krueger 1974 ; voir

Khan et Jomo 2000 pour une analyse critique). Le problème de beaucoup de pays moins développés comme le Mali ne se limite pas à la médiocrité de leur performance économique. Il est lié surtout à l'effondrement de la légitimité et de la viabilité politique de leurs États.

Plusieurs études mettent en valeur l'importance de la médiocrité de la performance économique pour expliquer l'effondrement de l'État et l'apparition de guerres civiles (Collier et Hoeffler 1998 ; Banque Mondiale 2003). Toutefois, beaucoup d'États à la performance médiocre en termes économiques, comme les États défaillants, sont désormais perçus comme des lieux propices à l'épanouissement d'organisations terroristes et de réseaux criminels internationaux. Car, les États souverains sont censés réaliser un certain nombre de fonctions fondamentales pour assurer la sécurité et le bien-être de leurs citoyens et veiller au bon fonctionnement des échanges internationaux. Les États qui ne parviennent pas à satisfaire à ces critères minimaux y sont décrits comme « faibles », « fragiles » ou « fonctionnant mal » (Torres et Anderson 2004 : 5). Dans le cas du Mali, il faut faire remarquer que dans certaines zones du nord et du centre, l'absence de l'État est comblée jusqu'à un passé récent par l'appui des ONG et de la MINUSMA, à travers l'offre de services publics minimums aux populations restées sur place et à celles se trouvant dans les camps de réfugiés. En effet, l'existence d'États clientélistes, corrompus et patrimoniaux est perçue comme nuisible au développement dans le meilleur des cas et comme un terrain propice à un comportement prédateur et à de violentes ripostes de la part de factions étatiques et non-étatiques dans le pire des cas.

La situation actuelle indique dans une certaine mesure l'échec de l'État, surtout dans les domaines de la sécurité (insécurité grandissante), du développement économique (défaillance des infrastructures publiques ou des routes), de la représentation politique (défaillance de la majorité), voire de la distribution des revenus. À ce titre pour Rotberg (2002 : 85), les États-Nations échouent, car ils ne sont plus en mesure d'offrir des biens politiques positifs à leurs peuples. Leurs gouvernements perdent leur légitimité et l'État-Nation devient lui-même illégitime aux yeux d'une majorité croissante de citoyens.

Le Mali, au regard de la situation actuelle, pourrait être qualifié d'État défaillant dans la mesure où un « État défaillant » se définit à partir de la condition « d'effondrement étatique ». Il s'agit, par exemple, d'un État n'étant plus capable d'assurer ses fonctions sécuritaires et de développement et n'exerçant plus un contrôle efficace sur son territoire et ses frontières. Un État défaillant est un État qui n'est plus à même de reproduire les conditions nécessaires à sa propre existence (DiJohn J., 2008). Toutefois, il convient de souligner les efforts actuellement en cours en vue de la restauration de la souveraineté de l'Etat sur toute l'étendue du territoire national.

4.3 Absence d'un dispositif de suivi des inégalités

Les ODD ont mis en exergue la nécessité de mettre en place au sein des pays des dispositifs à la fois de suivi de la pauvreté et des inégalités. Les récents rapports de Oxfam (2014, 2017, 2018 et 2019) montrent l'importance et l'urgence de la recherche d'une solution aux inégalités persistantes. Le plus souvent, les indicateurs d'inégalités disponibles sont relatifs aux revenus. Les autres formes d'inégalités font peu l'objectif d'un suivi. C'est le cas de l'IDHI qui est un indicateur calculé au niveau international. Il est irréversible que les dispositifs statistiques prennent en compte les différentes formes d'inégalités, afin d'aider les politiques publiques dans le ciblage des populations les plus touchées.

En effet, l'analyse des données disponibles sur les inégalités de niveau de vie présente une image plus complexe et plus nuancée de leur évolution au niveau mondial. Dans le cadre du débat sur la croissance pro-pauvres (qui porte sur les stratégies de croissance favorables à la réduction de la pauvreté), Bourguignon (2003) montre que la croissance économique permet d'autant plus d'améliorer le niveau de vie des plus pauvres que les inégalités sont faibles. Deuxièmement, le développement de modèles théoriques, tels que les modèles de croissance endogène et les modèles tenant compte des imperfections des marchés (*market failures*) sur les comportements d'investissement, a permis de pointer le fait que des sociétés avec des niveaux élevés d'inégalités peuvent générer moins d'investissements et donc moins de croissance que des sociétés plus égalitaires (Aghion *et al.*, 1999).

Selon Sandrine et Anne-Sophie (2018), la multiplication à travers le monde et au fil du temps des enquêtes de niveau de vie permet dorénavant de dresser des tendances des inégalités, il n'en demeure pas moins que la disponibilité de données complètement satisfaisantes demeure un défi. En effet et comme déjà souligné par de nombreux chercheurs, les enquêtes existantes souffrent de biais importants pour apprécier les niveaux d'inégalités et leurs dynamiques : sous-échantillonnage des plus riches, biais de non-réponses, questionnaires peu adaptés pour apprécier la diversité des revenus des plus aisés ainsi que leurs modes de consommation. C'est ce constat de l'imprécision des données sur le haut de la distribution des revenus qui a conduit un groupe de chercheurs à mettre au point le projet WID (*World Wealth and Income Database*). La principale nouveauté de la base WID est de combiner systématiquement des données fiscales avec les enquêtes et les comptes nationaux. Cela a permis de calculer des séries sur la part des hauts revenus plus longues et plus fiables que les bases de données antérieures sur les inégalités (qui reposent généralement sur des données d'enquête). Ces séries ont eu un impact important sur le débat mondial sur les inégalités. Cependant, elles ne couvrent que très partiellement les pays en développement et, quand elles existent, ne sont pas encore suffisamment mobilisées par les gouvernements et les sociétés civiles des pays eux-mêmes (Mesplé-Somps S. et Robilliard A.-S., 2018).

L'écart entre les plus riches et les plus pauvres continue de se creuser : tant sous la forme d'inégalités de revenus – 1 % de la population mondiale capte près de la moitié des richesses – que d'inégalités d'opportunités. Cette inégalité grandissante menace la cohésion sociale et représente un frein pour la croissance économique et la réduction de la pauvreté. Investir dans la réduction des inégalités, c'est investir simultanément dans tous les champs du développement durable, dans la préservation de la planète, dans la lutte contre la pauvreté et dans la garantie d'une croissance durable.

L'ODD 10 cible l'amélioration de l'égalité des chances, en adoptant des lois et en menant des politiques qui garantissent une amélioration durable des conditions de vie de tous. Les pays les plus vulnérables, comme les pays les moins avancés et les petits États insulaires en développement, bénéficieront d'une attention particulière, notamment en orientant davantage les flux financiers en leur direction. La persistance d'inégalités fortes menace l'atteinte des Objectifs de Développement durable (ODD) dans leur ensemble, comme l'élimination de l'extrême pauvreté, la promotion d'un travail décent et l'accès à une éducation de qualité.

L'Afrique est l'un des continents les plus touchés par cette situation d'inégalités. À titre d'exemple, Oxfam indique que la moitié des revenus salariaux en Afrique du Sud sont détenus par seulement 10% de la population, tandis que « les 50 % les plus pauvres de la main-d'œuvre se partagent 12 % de tous les salaires » (Mesplé-Somps S. et Robilliard A.-S., 2018). Les mécanismes multiples, complexes et souvent contextualisés qui peuvent être à l'origine des dynamiques des inégalités sont encore trop mal connus. Les recherches à venir devraient s'attacher, non pas tant à réfléchir à une théorie globale des inégalités mondiales, mais à chercher à comprendre, dans des contextes donnés, les différents mécanismes agissants. Il est indispensable de doter les pays en développement et la communauté internationale des chercheurs et d'outils statistiques innovants permettant à la fois de mesurer les inégalités et d'en comprendre les causes, ouvrant des champs de recherche sur les comportements de consommation et d'épargne des riches et des pauvres en prenant en compte les niveaux de stratification spatiale.

4.4 Principales implications

4.4.1 Veiller constamment à la mise en œuvre des Politiques publiques sociales favorisant des services publics de qualité et ciblant davantage les plus pauvres

Les inégalités extrêmes ne sont pas inévitables. À notre avis, avec de simples politiques publiques, comme des services d'éducation et de santé publics et gratuits et une taxation plus équitable qui prélève sur ceux qui sont les plus à même de payer, nous pourrons commencer à inverser la tendance des inégalités. Les services publics gratuits constituent un investissement dans un avenir plus équitable pour tous, et il est crucial de les prioriser si l'on ne veut pas que la société bascule irrévocablement dans un système qui ne pourvoit qu'aux besoins d'une minorité de privilégiés (Oxfam, 2014).

Le gouvernement devra privilégier les politiques et les pratiques qui augmentent le financement de services de santé et d'éducation publics gratuits afin de combattre les inégalités à travers une redistribution des richesses.

En effet, l'accès aux services publics de qualité comme la santé, l'éducation ou le logement contribuent largement à atténuer les inégalités. C'est pour cette raison que beaucoup de pays recourent davantage à ces services qu'aux transferts comme moyen d'atténuer les disparités sociales. Ce constat est appuyé par l'exemple des pays de l'OCDE où les effets redistributifs des services publics correspondent en moyenne aux deux tiers de l'impact sur les inégalités par rapport aux effets induits par la fiscalité et les transferts. Selon une étude réalisée par l'OCDE[17], un accroissement de 1% des dépenses publiques d'éducation en pourcentage du PIB entrainerait une augmentation du revenu disponible des ménages pauvres et celui de la classe moyenne de 2% à 8%.

Dans l'offre de services publics de qualité, un intérêt particulier devra être accordé à la petite enfance, ainsi qu'aux besoins des familles dont les enfants sont scolarisés. De nombreuses études montrent en effet, que les premières années de vie d'un enfant sont déterminantes pour son avenir. Les pays scandinaves, en particulier la Suède, représentent un modèle efficace de développement social de la petite enfance permettant d'égaliser les

---

[17] L'impact des réformes structurelles sur la distribution des revenus, OCDE.

chances d'intégration économique et sociale futures de tous les enfants quelles que soient leurs origines socio-économiques.

4.4.2 Mettre en place des institutions de meilleure qualité

Dans la stratégie de réduction des inégalités sociales, il est essentiel de bâtir d'excellentes institutions publiques si l'on veut que la diversité des identités devienne un atout pour le développement et non pas une cause de divisions politiques et de violence. Dans les pays où la responsabilité et la transparence des institutions restent des concepts abstraits, les rentes exorbitantes que l'on peut tirer de ces ressources deviennent un enjeu fondamental pour les factions qui se disputent le pouvoir.

L'Etat et les organisations de la société civile ont un rôle important à jouer dans la mise en place des bases institutionnelles d'une coopération bénéfique pour tous. Les institutions doivent être fondées sur les principes de la concertation, de la crédibilité et de la responsabilité afin que les avantages de la coopération apparaissent clairement aux citoyens. Pour soutenir ces institutions, il faut un appareil constitutionnel et juridique et des systèmes politiques représentatifs qui permettent aux différents groupes en présence de concilier leurs intérêts à travers des mécanismes autres que la violence. En outre, on pourrait favoriser un certain degré d'intégration sociale en encourageant les différents groupes à apprendre la langue des autres.

Les politiques de développement et les résultats qu'elles pourraient obtenir sur le plan de la redistribution dépendent essentiellement des conditions politiques, de la manière dont le pouvoir est distribué et des institutions par lesquelles passent les relations entre l'État et la société. Il est rare de constater que les mouvements sociaux et les groupes d'intérêt s'organisent uniquement autour des questions de la pauvreté en soi. Les discours politiques doivent tourner plutôt autour des droits, de la distribution des richesses, des services, de la rémunération du travail et des avantages sociaux. Cela pourrait permettre de traiter les causes structurelles de la pauvreté.

4.4.3 Assurer le respect des principes d'une inclusion sociale

Les inégalités économiques renforcées par les barrières sociales font qu'il est particulièrement difficile aux pauvres d'échapper à leurs conditions. Lorsque les distinctions sociales entre les groupes servent à perpétuer les inégalités dans l'accès aux ressources matérielles, elles génèrent des hiérarchies socio-politiques rigides qui constituent de puissants verrous sociaux dont la finalité explicite est de préserver le statut des classes privilégiées (Banque mondiale, 2000/2001).

L'approche de l'inclusion sociale consiste à réduire, voire à supprimer les barrières qui excluent ou empêchent un individu ou une population de participer pleinement à la vie active dans la société. L'inclusion sociale est une solution pour combattre les inégalités. En effet, dans la sphère numérique, les progrès technologiques justifient l'apport de nouvelles idées dans le débat public portant sur l'inclusion sociale, qui est définie comme l'amélioration des aptitudes, des perspectives et de la dignité des couches les plus défavorisées de la société.

Grâce à la technologie, les pouvoirs publics ont de nouveaux moyens d'atteindre les pauvres et d'autres groupes privés pour accéder à des services de qualité ou à des outils de gestion des risques. Beaucoup occupent des emplois informels à faible productivité et ne bénéficient pas des protections sociales ; ce qui fait en sorte qu'ils peinent à s'extraire de la pauvreté et y échapper. L'informel limite la portée des régimes d'assurance sociale fondés sur des cotisations salariales formelles déclarées auprès de l'État (Banque mondiale, 2019).

Un contrat social dysfonctionnel peut amener les citoyens à exercer moins de pression sur les pouvoirs publics afin qu'ils améliorent les services publics. La classe moyenne « envoie ses enfants dans des écoles privées, a recours à des établissements de soins privés, creuse ses propres forages d'eau et achète ses propres groupes électrogènes ». Ainsi, les mécanismes destinés à assurer l'égalité des chances devant favoriser l'inclusion sociale font souvent défaut (Banque mondiale, 2019).

Pour remédier durablement à la crise malienne actuelle, le retour d'un État juste et protecteur dans les zones du Nord et du Sud du pays et une large mobilisation nationale sur les enjeux de la réduction de la pauvreté et des inégalités sont indispensables, afin d'assurer une paix durable et une réduction durable de la vulnérabilité multiforme des populations.

4.4.4 Atténuer les inégalités spatiales

L'atténuation des inégalités spatiales (régions, urbain-rural, quartiers favorisés-quartiers défavorisés) est essentielle pour accélérer la réduction des inégalités. Pour preuve, la concentration des ménages pauvres dans des quartiers défavorisés génère une transmission intergénérationnelle de la pauvreté et des privations hypothéquant toute possibilité d'amélioration de leur situation et d'ascension sociale à moyen et long termes.

Plusieurs politiques sont à pied d'œuvre pour réduire la ségrégation spatiale et promouvoir la mobilité sociale dans les zones défavorisées (OCDE, 2018). Ces politiques s'insèrent dans une stratégie plus globale de réhabilitation urbaine et d'amélioration de l'accès à une éducation de qualité dans les zones difficiles caractérisées par un environnement socio-économique contraignant, en offrant, par exemple, un financement supplémentaire aux écoles qui acceptent de prendre en charge des élèves peu performants.

Pour améliorer la mobilité sociale, il est important de favoriser le développement des compétences et des opportunités sur le marché du travail tout en promouvant des projets ciblant des travailleurs pauvres. Dans ce cadre, les entreprises qui investissent dans les zones défavorisées pourraient recevoir des avantages fiscaux permettant ainsi de créer plus d'opportunités d'emploi et/ou d'améliorer le niveau des salaires.

La promotion de l'accès à des soins de santé abordables et de qualité passe par des leviers portant sur l'amélioration des conditions de travail et l'octroi d'incitations financières au personnel médical pour exercer dans les zones mal desservies. Il pourrait également s'agir de l'encouragement des personnes issues de ces zones à opter pour des études médicales au profit des populations locales.

En ce qui concerne l'accès à un logement de qualité et à meilleur coût, les instruments privilégiés doivent englober les subventions à la propriété, les indemnités de logement, le développement du marché locatif et la promotion des logements sociaux locatifs, entre autres. Dans ce cadre, l'initiative des logements sociaux (Attbougou) devrait se poursuivre, voire se renforcer en tirant les leçons des premières expériences tout en restant collé à l'objectif initial. Aussi serait-il important de développer le transport et les infrastructures pour désenclaver les zones défavorisées. Les pouvoirs publics devraient aider à la mise en place des programmes visant à améliorer la qualité des infrastructures de transport et adopter des tarifs de transport plus réduits en faveur des groupes vulnérables.

4.4.5 Promouvoir le développement humain en faveur d'une croissance plus inclusive

La croissance inclusive est de nos jours acceptée comme un véritable objectif pour les pays en développement pour au moins trois raisons :

(i) elle s'intègre dans une perspective de long terme avec pour objectif l'augmentation du revenu des populations exclues ;

(ii) elle ne crée pas seulement des opportunités économiques, mais favorise aussi l'accès de tous aux opportunités créées, pour tous les segments de la société, particulièrement les pauvres ; et

(iii) elle englobe le concept de croissance pro-pauvre.

Par conséquent, la croissance inclusive serait une dimension de la croissance qui évite la discrimination (ou l'exclusion) au niveau de la prise en compte des inputs, car la croissance inclusive promeut ou encourage l'utilisation de tous les facteurs en vue d'impliquer toutes les dimensions des inputs. Ce faisant, elle permet de déplacer la trajectoire de la croissance vers le haut tout en garantissant une répartition équitable. Elle serait aussi sans inégalités au niveau du partage des fruits de la croissance, puisque la croissance inclusive, dans sa répartition, tient compte de toutes les classes sociales dans le but de réduire efficacement les inégalités et de lutter contre toute forme de discrimination (Rapport national sur le développement humain 2013 au Cameroun).

4.4.6 Faire de la réduction des inégalités une priorité de l'agenda sociétal impliquant tous les acteurs

La lutte contre les inégalités gagnerait à être axée sur une démarche davantage participative permettant de tenir compte des besoins réels des populations cibles pour renforcer leur adhésion et nourrir leur sentiment d'appartenance à la Nation. Un changement de mentalité devrait être promu pour faire admettre que cette lutte n'est pas une affaire qui incombe exclusivement à l'État. L'action des pouvoirs publics en matière de résorption des déficits sociaux devrait, dès lors, être relayée par une action énergétique de la société civile pour renforcer les capacités de celle-ci et la réhabiliter pour assumer pleinement son rôle d'avocat des populations les plus défavorisées.

Le rôle du milieu des affaires est tout aussi important. La promotion à grande échelle de la responsabilité sociétale des entreprises est nécessaire pour cristalliser les valeurs de citoyenneté responsable. La multiplication des actions de soutien de la part des grandes entreprises permettrait certainement de consolider les mesures de confiance.

La lutte vigoureuse contre les inégalités devrait porter particulièrement sur les inégalités de chances pour corriger structurellement les déficiences à partir desquelles se nourrissent l'exclusion sociale et la marginalisation. À ce titre, la protection et l'éducation de la petite enfance seraient nécessaires pour développer leurs capacités aussi bien sur les plans physique et mental que social et affectif.

Pour renforcer l'effectivité des droits, il est important, non pas de faire des lois nouvelles pour obliger à respecter les lois existantes, mais de doter les autorités publiques et les acteurs sociaux d'un tableau de bord leur permettant de surveiller les pratiques, les procédures et les décisions, et de suivre les effets des lois anti-discrimination. Le recours à des leviers structurels sera nécessaire pour agir en amont sur les inégalités sociales, en mettant l'accent autant sur l'élargissement des bases de création de la richesse nationale que sur la lutte vigoureuse contre les inégalités de chances et de capacités. Ces leviers structurels permettraient de constituer un puissant rempart contre la prolifération des disparités sociales et spatiales.

La cohérence des dispositifs dédiés à la lutte contre les inégalités est obligatoire. Toutefois, il s'avère nécessaire de prendre des mesures pour leur indexation sur des critères de ciblage afin de maximiser les retombées de l'action sociale de l'État. Ainsi, la lutte contre les inégalités mériterait d'être inscrite dans le cadre d'un chantier sociétal impliquant l'ensemble des acteurs à tous les niveaux.

La prise en compte des besoins spécifiques, notamment des groupes vulnérables tels que les jeunes, les femmes et les personnes en situation de handicap, représente une condition essentielle pour assurer l'équité et l'égalité des chances et contribuer, in fine, à l'édification d'un développement social harmonieux. Les actions envisagées dans cette perspective devraient impérativement s'atteler à résoudre le problème d'accessibilité de ces couches vulnérables aux services sociaux de base, particulièrement celles résidant en péri-urbain et en milieu rural.

La politique de protection sociale devrait privilégier des solutions concrètes de sortie durable de la pauvreté, via la promotion de l'activité afin d'éviter la dépendance aux transferts et le maintien dans une situation de forte vulnérabilité continue.

Enfin, la consolidation du système national d'informations statistiques est indispensable, en vue de favoriser, de manière permanente, la collecte et le traitement des données sur les inégalités sociales et la mise sur pied d'un système d'évaluation performant pour mesurer l'efficacité des actions déployées en matière de lutte contre les inégalités dans toutes leurs dimensions.

CONCLUSION

Les inégalités sociales, tout comme celles économiques, constituent à la fois des préoccupations urgentes nationales et internationales. Elles engendrent plusieurs conséquences, dont la principale est la remise en cause de la cohésion sociale. Dans un pays déjà fragilisé par une crise aux effets négatifs multiformes, sans une solution inclusive à la question des inégalités, les perspectives risquent d'être encore plus compromettantes pour les générations futures.

L'analyse de la problématique posée indique clairement que les inégalités sociales se fondent, sur les plans théoriques et conceptuels, sur les principes d'équité et de justice sociale. Ces principes sont au cœur des politiques sociales du Mali depuis l'avènement de la lutte contre la pauvreté. En effet, les différents documents de stratégies de réduction de la pauvreté et de développement durable ont intégré les luttes contre les inégalités comme des conditions nécessaires à la réduction de la pauvreté.

De par les enquêtes du système statistique national, les résultats en termes d'accès dans les domaines de la santé et de la nutrition, de l'éducation, de l'eau potable et de l'assainissement, voire de l'énergie, mettent en exergue des inégalités spatiales entre les régions et entre les milieux (urbain et rural). Elles sont effectives en tenant compte non seulement du profil de pauvreté, mais aussi et surtout du profil professionnel et du niveau d'éducation. Aussi les inégalités de développement humain sont-elles assez importantes depuis 2010 dans notre pays.

Avec la crise et les différentes vulnérabilités (pressions anthropiques sur les écosystèmes par exemple), les défaillances stratégiques en termes de qualité des services publics et l'absence d'un dispositif de suivi et d'évaluation permanente des inégalités, les pouvoirs publics devront trouver les synergies nécessaires pour favoriser une inclusion sociale. En effet, les inégalités sociales au niveau des villages découragent toute tentative de gestion des biens collectifs tels que l'eau. Car, il est toujours possible que les notables profitent de leur influence sur la répartition des ressources pour accentuer encore la discrimination à l'encontre des pauvres.

Par ailleurs, il convient de signaler que c'est dans le domaine foncier que les manifestations des inégalités sont le plus criantes. Ainsi, la concentration de la majorité des terres entre les mains de quelques grands propriétaires enlève pratiquement tout espoir aux pauvres de s'élever dans la société agraire. Sans nul doute, au-delà d'autres questions sans réponses, la question de la pauvreté des agricultures mérite une analyse approfondie. Cela pose la question de l'existence de trappe à la pauvreté et de la distribution de la richesse créée.

Enfin, il convient de reconnaitre que les données statistiques utilisées peuvent comporter des limites, tout comme le présent travail. En conséquence, il serait important de savoir si les inégalités sociales constatées à travers les chiffres sont justes et acceptées par les communautés et les acteurs. A cet égard, le travail mérite un approfondissement à travers une étude de la qualité et de l'existence d'une vraie inclusion sociale, un facteur clé de la croissance inclusive.

Le Mali est un pays en chantier, tout comme plusieurs pays en développement. L'alerte donnée, à travers les différents niveaux des inégalités, mérite une attention particulière. Pour cela, le présent travail a formulé quelques implications en termes de politiques économiques pour aider les actions publiques dans le sens du respect et de l'approfondissement des principes de l'équité sociale. Aujourd'hui, le monde est dans un cycle d'impasses qui risque d'aggraver les inégalités et augmenter les écarts de développement humain.

RÉFÉRENCES BIBLIOGRAPHIQUES

[1.] Aghion P., Caroli E. & Garcia-Penalosa C. 1999, Inequality and Economic Growth: the Perspective of the New Growth Theories, *Journal of Economic Literature*, vol. XXXVII, December, 1615-1660. eds) *Handbook of Income Distribution*, Volume 2A-2B, Elsevier, North Holland, 23-66.

[2.] Alkemade & al. 2021, Analyse des inégalités de revenu au Mali, *Papier de Recherche N° 221, AFD Editions,* Agence Française de Développement, Novembre, 60 pages.

[3.] Alkire S. et Foster J., 2010. Designing the Inequality-Adjusted Human Development Index (HDI). Human Development Research Paper 28, UNDP-HDRO, New York. Cité par Klugman, 2010, p. 243.

[4.] Alvaredo F. & Gasparini L. 2013, Recent Trends in Inequality and Poverty in Developing Countries, In: A. Atkinson and Bourguignon F.

[5.] Aron R., 1967. *Les étapes de la pensée sociologiques*, Paris, Gallimard.

[6.] BAD, 2016. Mesurer la croissance inclusive : de la théorie à la pratique en Afrique du Nord, *document de travail, Série sur les notes de politiques en Afrique du Nord.*

[7.] Banque mondiale (2000/2001), Combattre la pauvreté, rapport sur le développement dans le monde, Copyright © 2001 by The International Bank for Reconstruction and Development /The World Bank 1818 H Street, N.W., Washington, D. C. 20433, U.S.A., Ed irions ESKA 12, rue du Quarre-Septernbre 7 5002, Paris, France.

[8.] Banque mondiale (BM), 2019. Le travail en mutation, rapport sur le développement dans le monde 2019, Banque internationale pour la reconstruction et le développement/Banque mondiale 1818 H Street NW, Washington, DC 20433.

[9.] Bebbington A. J., Dani A. A., DE Haan A., Walton M. (eds), 2008, Institutional Pathway to Equity: Addressing Inequality Traps, New Frontiers of Social Policy, The World Bank, Washington D. C.

[10.] Bourguignon F. 1998a, Inequality and Development : the Role of Dualism, Journal of Development Economics, vol. 57, n° 2, 233-257.

[11.] Bourguignon F. 1998b, Équité et croissance économique : une nouvelle analyse ? Revue française d'économie, vol. XIII, n° 3, 25-84.

[12.] Bourguignon F., 2003, The Growth Elasticity of Poverty Reduction: Explaining Heterogeneity accross Countries and Time Periods, in T. Etcher, S. Turnovsky (eds), Inequality and Growth: Theory and Policy Implication, Cambridge Mass., MIT Press, 3-26.

[13.] Boutaud A., 2010, les inégalités mondiales : une réalité plurielle dans Mouvements 2010/4 (n° 64), pages 13 à 21, Paris, La Découverte.

[14.] Cadre Stratégique de Lutte contre la Pauvreté (CSLP 1) 2002-2006.

[15.] Cadre Stratégique de Lutte contre la Pauvreté (CSLP) CT, ODHD, 2011. Inégalités, disparités géographiques et pauvreté au Mali, rapport d'étude, novembre, 70 pagess.

[16.] Cadre stratégique pour la Croissance et la Réduction de la Pauvreté du Mali (CSCRP) 2007-2011.

[17.] Cadre stratégique pour la Croissance et la Réduction de la Pauvreté du Mali (CSCRP II) 2012-2017.

[18.] Cadre stratégique pour la Relance économique et le Développement durable (CREDD I) 2016-2018.

[19.] Cadre stratégique pour la Relance économique et le Développement durable (CREDD II) 2019-2023.

[20.] Centre d'étude et de Renforcement des Capacités d'Analyse et de plaidoyer (CERCAP), 2022, analyse de la cohérence des politiques publiques au Mali, Etudes & Recherches, mars, 109 pages.

[21.] Chancel L. et autres, 2022. Rapport sur les inégalités mondiales 2022, synthèse.

[22.] DiJohn J., 2008. Conceptualisation des causes et des conséquences des états défaillants : analyse critique de la documentation, *Working Paper no. 25, Crisis States Working Papers Series No.2,* Crisis States Research Centre Janvier, 67 pages.

[23.] Document de travail, PRODEC 2, novembre 2018.

[24.] Document provisoire Pen Mali (annuaire des entreprises du Mali) 2018.

[25.] Données Banque mondiale, WDI, 2023.

[26.] Dubet F., 2003. « Inclus/Exclus : une opposition pertinente ? », Cahiers français, no 314, mai-juin 2003.

[27.] Dumont L., 1977. *Homo aequalis*, Paris, Gallimard.

[28.] Fassin É., 2003. Penser la discrimination positive in Lutter contre les discriminations, Paris, La Découverte.

[29.] Fleurbaey M., 2001. Inégalités économiques, Rapport CAE, 033.

[30.] Grünewald F., Baché J., Léon V., Sokpoh B., 2015, La difficile gestion d'une crise complexe au Nord Mali : Leçons tirées, *Rapport d'évaluation, février*, 52 pages.

[31.] Institut de Recherche des Nations Unies pour le Développement Social, 2011. *Combattre la pauvreté et l'inégalité : changement structurel, politique sociale et conditions politiques*, vue d'ensemble.

[32.] Manent P. 1993. *Tocqueville et la nature de la démocratie*, Paris, Gallimard/ Arthème Fayard.

[33.] Maric M., 1996. Égalité et équité : l'enjeu de la liberté Amartya Sen face à John Rawls et à l'économie normative. In: Revue française d'économie, volume 11, n°3, pp. 95-125.

[34.] Milanovic B., 2016. *Global inequality, a new approach for the age of globalization,* Belknap Press: An Imprint of Harvard University Press.

[35.] Milliano M. de et Handa S., 2014. Pauvreté et privation des enfants au Mali : les premières estimations nationales, Document de travail du Bureau de recherche WP-2014-20, Décembre, 86 pages.

[36.] Mme Ousmane, Ali Boulhassane M., 2015. Les statistiques du développement durable textbook, The Statistical, Economic and Social Research and Training

Centre for Islamic Countries (SESRIC) Kudüs Cad. N°9, Diplomatik Site, 06450 Oran, Ankara – Turkey.

[37.] OCDE, 2014. « Inégalités et croissance », Focus, décembre 2014.

[38.] OCDE, 2018. A Broken Social Elevator ? How to Promote Social Mobility ».

[39.] ODHD, 2020. Analyse-diagnostic des inégalités entravant la croissance inclusive au Mali, Rapport final, mai, 87 pages.

[40.] ODHD, 2022. Distribution et redistribution du revenu au Mali et leurs impacts sur la pauvreté et les inégalités, *Rapport national sur le Développement humain, Edition 2022,* janvier, 61 pages.

[41.] ODHD, 2023. L'Observatoire du Développement humain durable et de la Lutte Contre la Pauvreté (ODHD/LCP). « L'impact de l'inflation sur le pouvoir d'achat des ménages dans un contexte de crise multidimensionnelle au Mali, de 2017 à 2022 ».

[42.] Oxfam, 2014. Au service de la majorité Des services publics pour combattre les inégalités, 182 document d'information, 3 avril 2014.

[43.] Oxfam, 2017. Une économie au service des 99 %, document d'information d'Oxfam janvier

[44.] Oxfam, 2019. « La crise des inégalités en Afrique de l'Ouest : quelles sont les solutions face à l'échec des pays d'Afrique de l'Ouest à réduire les inégalités ? » rapport d'information d'Oxfam, juillet.

[45.] Piketty T. 2013. *Le capital au XXIème siècle*, Paris, Seuil / Harvard University Press.

[46.] Rapport Bilan DNH 2018.

[47.] Rapport Bilan DNH 2019.

[48.] Rapport EDSM VI 2018.

[49.] Rapport Enquête nutritionnelle et de Mortalité rétrospective de type SMART, Mali, 2017.

[50.] Rapport final de l'Enquête SMART, Mali, 2022.

[51.] Rapport MODA 2014.

[52.] Rapport MODA 2018.

[53.] Rapport mondial sur le développement humain : le travail au service du développement humain (PNUD) 2015.

[54.] Rapport national sur l'Etat de l'Environnement au Mali-2017.

[55.] Rapport national sur le développement humain 2013 au Cameroun.

[56.] Rapport national sur le développement Humain 2014 (RNDH) 2014.

[57.] Rapports SMART 2011-2022 (INSTAT).

[58.] Rawls J., 1995. *Le droit des gens*, Paris, Editions Esprit.

[59.] Rawls J., 2009. *Théorie de la Justice, (trad. d'A Theory of Justice, par Catherine Audard).* (Ed. orig. 1971), Paris, Editions Points.

[60.] République du Mali, 2019. Sixième Enquête démographique et de Santé au Mali (Rapport EDSM-VI) 2018 Indicateurs Clés.

[61.] République du Mali, 2022, Enquête nutritionnelle anthropométrique et de mortalité rétrospective en septembre 2022 12ème édition au Mali, *rapport final*, septembre, 149 pages.

[62.] République du Mali, UNICEF, 2019. Privation multidimensionnelle et pauvreté des enfants au Mali, février, rapport final, 130 pages.

[63.] Résultats annuels de l'EMOP-2022.

[64.] Sainteny G. 2000. *L'introuvable écologisme français*, Paris, PUF.

[65.] Sen A. 1992. Inequalities re-examined, Clarendon Press, Oxford.

[66.] Sen A. 1999. *L'économie est une science morale*, Paris, La Découverte.

[67.] Sen A. 2000. *Social exclusion : concept, application and scrutiny.* Asian Development Bank.

[68.] Stiglitz J. E. 2012. Le prix de l'inégalité Traduit de l'américain par Françoise et Paul Chemla Extrait de la publication LLL Les Liens qui Libèrent.

[69.] Stiglitz J. E. 2012. The Price of Inequality. How Today's Divided Society Endangers Our Future, W. W. Norton & Company, 2012.

[70.] Tocqueville A. de, 1840. *De la démocratie en Amérique*, Lausanne, Librairie de Charles Gosselin, volume 2.

[71.] UNRISD (Institute de recherche des Nations Unies pour le développement social). 2005. *Gender Equality: Striving for Justice in an Unequal World.* UNRISD, Genève.

[72.] UNRISD. 2006. *Transformative Social Policy: Lessons from UNRISD Research.* Research and Policy Brief No. 5. Genève, UNRISD.

[73.] Ven J. n M.A. (1880) I. « On the diagrammatic and mechanical représentation of propositions and reasonings » , Philosophical Magazine Series 5, 10:59, pp. 1-18.

WEBOGRAPHIE

[1.] « Inégalités extrêmes et services essentiels ». Url : https://www.oxfam.org/fr/domaines/inegalites-et-acces-aux-services-essentiels, consulté le 13 juin 2024.

[2.] Agenda 2030. Url : https://www.eda.admin.ch/agenda2030/fr/home/agenda-2030.html, consulté le 15 mars 2022.

[3.] Ballet J., Dubois J.-L. et Mahieu F.-R., 2011. La soutenabilité sociale du développement durable : de l'omission à l'émergence, De Boeck Supérieur | « Mondes en développement », 2011/4 n°156 | pp. 89 à 110. Url : https://www.cairn.info/revue-mondes-en-developpement-2011-4-page-89.htm, consulté le 21 juin 2022.

[4.] Berruyer O., 2024. « La rémunération des PDG (1/3) ». Url : https://www.les-crises.fr/remuneration-pdg/, consulté 05 juin 2024.

[5.] Bourne R. et Snowdon C., 2016. « Never Mind the Gap: Why we shouldn't worry about inequality ». Url : https://iea.org.uk/wp-content/uploads/2016/09/Never-Mind-the-Gap-Why-we-shouldnt-worry-about-inequality-1.pdf, consulté le 15 mars 2022.

[6.] Bret B., 2014. « Joseph E. Stiglitz. Le prix de l'inégalité », Justice spatiale | Spatial Justice, n° 6, juin 2014 (http://www.jssj.org) : https://shs.hal.science/halshs-02069665/file/2%20JSSJ%20A%20LU.pdf, consulté le 23 janvier 2023.

[7.] Davis E. J., Lobach I., Dubal D. B., 2019. "Female XX sex chromosomes increase survival and extend lifespan in aging mice". Aging Cell. ; 18:e12871. Url:

https://doi.org/10.1111/acel.12871, consulté le 25 octobre 2023.

[8.] Dlia A. et Ihnach H., 2018. La question des inégalités sociales : Clés de compréhension, enjeux et réponses de politiques publiques, octobre, disponible sur : http:// www.depf.finances.gov.ma, consulté le 21 juin 2023.

[9.] Dubet F., 2011. « Régimes d'inégalité et injustices sociales », Sociologie [En ligne], Débats, Penser les inégalités, mis en ligne le 18 octobre, consulté le 12 juin 2019. Url : http://journals.openedition.org/sociologies/3643, consulté le 21 juin 2020.

[10.] Flipo F., 2009, « Les inégalités écologiques et sociales : l'apport des théories de la justice ». *Mouvements,* 2009/4 n° 60, pp. 59-76. CAIRN.INFO. Url : shs.cairn.info/revue-mouvements-2009-4-page-59?lang=fr, consulté le 12 juin 2019.

[11.] Fol S., Gallez C., 2017. Evaluer les inégalités sociales d'accès aux ressources Intérêt d'une approche fondée sur l'accessibilité. Revue internationale d'urbanisme, Association pour la promotion de l'enseignement et de la recherche en aménagement et en urbanisme association loi 1901 (APERAU). Url : http://riurba.net/Revue/evaluer-les-inegalites-sociales-dacces-aux- ressources-intérêt-dune-approche-fondée-sur-l 'accessibilité/. halshs-01683489, consulté le 17 mars 2022.

[12.] Fougère D. et Sidhoum N., 2006, Les nouvelles inégalités et l'intégration sociale, La Documentation française | « Horizons stratégiques » 2006/2 n° 2 | pages 6 à 20, ISSN 1958-3370. Url : https://www.cairn.info/revue-horizons-strategiques-2006-2-page-6.htm, consulté le 21 juin 2023.

[13.] Galland, O. et Lemel, Y. 2018. Chapitre 5. Les inégalités entre groupes sociaux et les sentiments de justice. Sociologie des inégalités (p. 193-247). Armand Colin. https://doi.org/10.3917/arco.lemel.2018.01.0193, consulté le 19 avril 2024.

[14.] Harttgen K., Klasen S., 2009. A Human Development Index by Internal Migration Status. New York. Url : http://hdr.undp.org/en/node/2558, consulté le 20 février 2024.

[15.] Human Development Data, 2023. Url : http://hdr.undp.org/en/data, consulté le 15 décembre 2023.

[16.] Keita M. K. 2018. Capital humain, éducation et formation professionnelle, CTCSLP.Klugman J. (dir.), 2010. Rapport sur le développement humain 2010 - La vraie richesse des nations : Les chemins du développement humain. Rapport PNUD, New York, 268 p. ttp://hdr.undp.org/en/media/HDR_2010_FR_Complete_reprint.pdf, consulté le 15 février 2011.

[17.] Klugman J. (dir.), 2011. Rapport sur le développement humain 2011 - Durabilité et équité : Un meilleur avenir pour tous. Rapport, PNUD, New York, 2 nov., 202 p. www.undp.org/content/undp/fr/home/librarypage/hdr/humandevelopmentreport2011.html, consulté le 13 mars 2023.

[18.] Mali'Human development summary capturing achievements in the HDI and complementary metrics that take into account gender gaps, inequality, planetary pressures and multidimensional poverty. Url : https://hdr.undp.org/data-center/specific-country-data#/countries/MLI, consulté le 27 juin 2023.

[19.] Mesplé-Somps S. et Robilliard A.-S., 2018. Réduire les inégalités : enjeux conceptuels, statistiques et politiques,

UMR DIAL IRD-Université Paris-Dauphine, STATECO N°112, 2018.
Url : https://www.researchgate.net/publication/328062573_Reduire_les_inegalites_dans_les_pays_et_entre_pays_enjeux_conceptuels_statistiques_et_politiques, consulté le 17 mars 2022.

[20.] Milly H. de, 2015. Les Objectifs de Développement Durable : éléments d'analyses et impacts possibles pour les agences d'aide, Dans Techniques Financières et Développement 2015/4 (n° 121), pages 37 à 48, Éditions Épargne sans frontière. Url : https://www.cairn.info/revue-techniques-financieres-et-developpement-2015-4-page-37.htm, consulté le 21 juin 2023.

[21.] OCDE (2002), la cohérence des politiques au service du Développement, dans Revue de l'OCDE sur le développement 2002/1 (no 3), pages 37 à 53, Éditions Éditions de l'OCDE. Url : https://www.cairn.info/revue-de-l-ocde-sur-le-developpement-2002-1-page-37.htm, consulté le 17 juin 2022.

[22.] OCDE (2004), Approches institutionnelles de la cohérence des politiques au service du développement, Atelier OCDE, 18-19 mai, *Document de séance n° 2: Document de réflexion : évaluation de la cohérence des politiques et des progrès du développement : Concepts, problèmes et approches possibles. Url : https://www.oecd.org/fr/gouvernance/pcsd/31774147.pdf,* consulté le 17 juin 2022.

[23.] Oodiah M., 2024. « Développement, démocratisation et lutte contre les inégalités ». Url : https://lexpress.mu/article/333095/developpement-democratisation-et-lutte-contre-inegalites-ii, consulté le 25 avril 2024.

[24.] Oxfam, 2018. Partager la richesse avec celles et ceux qui la créent, Document d'information Oxfam, 22 janvier 2018. Url : https://reporterre.net/IMG/pdf/oxfam-rapport_ine_galite_s_2018.pdf, consulté le 6 février 2022.

[25.] Perspective Monde : outil pédagogique des grandes tendances mondiales depuis 1945. « Indice de développement humain (IDH) ». Url : http://perspective.usherbrooke.ca/bilan/tend/MLI/fr/SP.POP.IDH.IN.html, consulté le 15 janvier 2024.

[26.] Perspective Monde : outil pédagogique des grandes tendances mondiales depuis 1945. « Degré d'alphabétisation - adultes (% des adultes âgés de plus de 15 ans) ». Url : https://perspective.usherbrooke.ca/bilan/servlet/BMTendanceStatPays?langue=fr&codePays=MLI&codeTheme=4&codeStat=SE.ADT.LITR.ZS, consulté le 15 janvier 2024.

[27.] PNUD, 2019, Indices et indicateurs de développement humain 2018 Mise à jour statistique. Url : http: //www.undp.org, consulté le 17 juin 2022.

[28.] Présentation : origines et principes de l'Agenda 2030 :. Url : https://www.agenda-2030.fr/agenda-2030/presentation/article/presentation-origines-et-principes#Origine, consulté le 15 mars 2022.

[29.] Qu'est-ce que les Objectifs de développement durable ? Url : https://www.undp.org/fr/sustainable-development-goals, consulté le 15 mars 2022.

[30.] United Nations Statistics Division (UNSD), SDG Indicators Metadata repository. Url: https://unstats.un.org/sdgs/metadata/, consulté le 11 avril 2022.

[31.] Watkins K., 2013. « Leaving no-one behind: an equity agenda for the post-2015 goals », Overseas Development Institute. Url :
http://www.odi.org.uk/sites/odi.org.uk/files/odi-assets/publications-opinion-files/8638.pdf, consulté le 13 mars 2023.

ANNEXES

Annexe 1 : Evolution du taux d'accès à l'électricité par région (%)

Année	Kayes	Koulikoro	Sikasso	Ségou	Mopti	Tombouctou	Gao	Kidal	Bamako	Ensemble
2001	3,8	6,3	4,1	6,4	9,4	2,8	6,9	18,1	36,1	9,2
2006	12,4	14,6	17,7	11,7	10,3	14,3	7,3	34,7	70,5	20,1
2009	16,5	23,8	19,8	13,5	7,2	13,7	9,7	30,9	69,9	23,7
2011	31,1	31,9	27,4	25,8	21,2	12,3	21,7	43,9	80,0	34,3
2014	23,9	34,3	60,3	39,6	19,5	14,6	20,4		84,1	40,7
2015	24,7	43,8	69,6	43,8	23,1	13,7	24,9		84,9	44,8
2016	30,9	53,8	79,6	54,9	30,0	18,6	25,7		88,3	52,0
2017	38,7	74,2	82,1	63,9	30,1	20,5	25,1		90,0	58,6
2018	47,5	70,8	87,0	75,8	46,8	37,6	26,2		93,0	65,6
2019	49,0	82,5	87,6	84,1	39,6	27,8	26,5	76,3	95,3	67,7
2020	45,3	90,9	91,6	82,5	40,7	39,7	26,9	63,0	95,6	70,8
2021	47,8	80,6	91,5	90,5	66,8	39,9	33,7	8,0	96,1	74,1
2022	49,5	91,6	90,7	89,1	65,5	39,5	38,9	42,2	94,8	76,3

Sources : EMEP 2001, ELIM 2006, ELIM 2009, EMOP-2011, EMOP-2014, EMOP-2015, EMOP-2016, EMOP-2017, EMOP-2018, EMOP-2019, EMOP-2022

Annexe 2 : Evolution du taux d'accès à l'électricité par quintile (%)

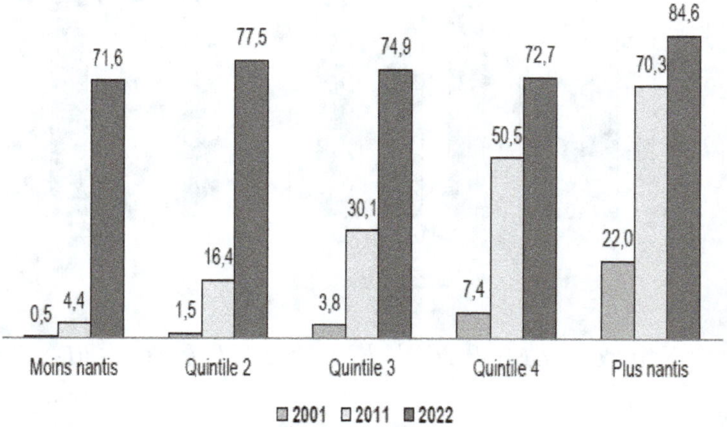

Sources : EMEP-2001, EMOP-2011, EMOP-2022

Annexe 3 : Evolution de l'usage de la chasse/fosse/latrine selon la région

Année	Kayes	Koulikoro	Sikasso	Ségou	Mopti	Tombouctou	Gao	Kidal	Bamako	Ensemble
2001	90,8	80,5	75,6	89,1	57,8	49,9	49,6	75,7	94,4	76,7
2006	95,4	93,3	97,9	91,4	78,1	68,0	54,1	88,8	99,3	88,7
2009	89,3	90,7	87,4	88,0	54,5	55,0	67,2	55,3	98,7	81,6
2011	96,2	92,1	97,2	92,9	66,6	80,0	74,8	83,6	99,3	89,7
2014	94,2	98,4	93,1	93,7	64,7	78,0	79,5		99,8	89,2
2015	91,6	100,0	94,4	93,4	67,9	57,1	85,7		99,6	88,3
2016	99,1	98,8	93,3	92,1	68,0	73,2	87,3		100,0	89,7
2017	85,5	91,0	93,5	95,4	68,0	80,9	84,7		100,0	87,8
2018	86,3	99,3	93,3	96,2	79,8	74,3	75,0		99,9	90,2
2019	80,7	97,8	96,5	95,3	74,3	55,3	94,9	96,6	100,0	88,4
2020	81,2	99,8	94,8	98,1	87,4	80,3	82,6	79,1	100,0	92,5
2021	95,3	99,6	93,2	97,7	85,2	77,4	82,3	15,2	99,8	92,2
2022	95,1	100,0	97,4	98,5	78,3	84,4	77,0	66,2	99,9	93,1

Sources: EMEP 2001, ELIM 2006, ELIM 2009, EMOP-2011, EMOP-2014, EMOP-2015, EMOP-2016, EMOP-2017, EMOP-2019, EMOP-2022

Annexe 4 : Evolution de l'usage de la chasse/fosse/latrine par quintile (%)

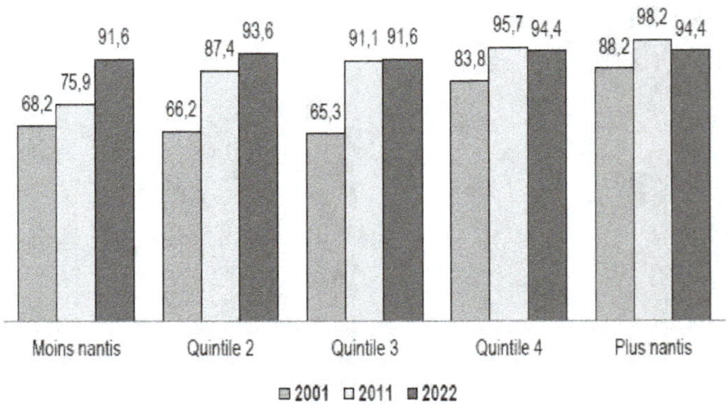

Sources : EMEP 2001, EMOP-2011, EMOP-2022

Annexe 5 : Evolution du taux d'utilisation de bois comme source d'énergie pour la cuisson par région (%)

Année	Kayes	Koulikoro	Sikasso	Ségou	Mopti	Tombouctou	Gao	Kidal	Bamako	Ensemble
2001	71,7	81,8	87,7	92,6	81,2	75,9	48,1	72,7	42,5	77,0
2006	95,5	90,5	95,4	93,1	89,6	87,6	74,8	61,2	29,6	83,7
2009	92,1	80,4	91,2	93,1	87,1	74,3	64,7	69,0	22,0	76,6
2011	87,6	80,8	84,0	93,0	77,0	75,3	56,6	62,2	32,0	74,5
2014	95,7	95,7	92,1	98,7	85,2	38,6	59,4		20,1	77,7
2015	97,5	82,4	93,1	96,9	90,1	32,4	58,7		15,4	75,3
2016	96,3	90,3	93,4	96,4	89,5	52,1	54,2		14,5	77,3
2017	96,6	86,5	92,2	89,6	88,0	42,0	68,3		11,3	74,7
2018	95,6	85,7	91,1	84,8	85,5	46,7	44,4		11,9	71,3
2019	50,5	72,9	54,4	71,2	73,3	43,2	24,3	6,1	7,9	52,3
2020	59,1	60,7	59,9	41,9	77,6	29,7	38,0	12,7	4,8	47,4
2021	84,3	73,5	81,3	47,8	75,4	34,2	43,7	48,1	5,6	56,5
2022	81,5	40,3	53,0	84,0	54,2	36,8	77,1	23,5	9,6	54,7

Sources : EMEP 2001, ELIM 2006, ELIM 2009, EMOP-2011, EMOP-2014, EMOP-2015, EMOP-2016, EMOP-2017, EMOP-2018, EMOP-2019, EMOP-2022

Annexe 6 : Evolution du taux d'utilisation de bois comme source d'énergie pour la cuisson par quintile (%)

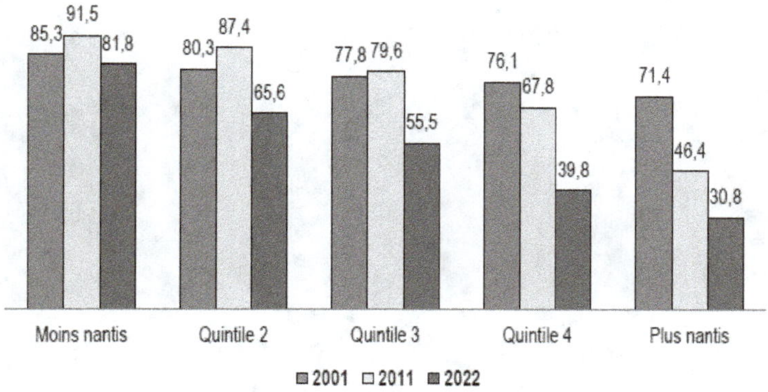

Sources : EMEP 2001, EMOP 2011, EMOP 2022

Annexe 7 : Espérance de vie à la naissance

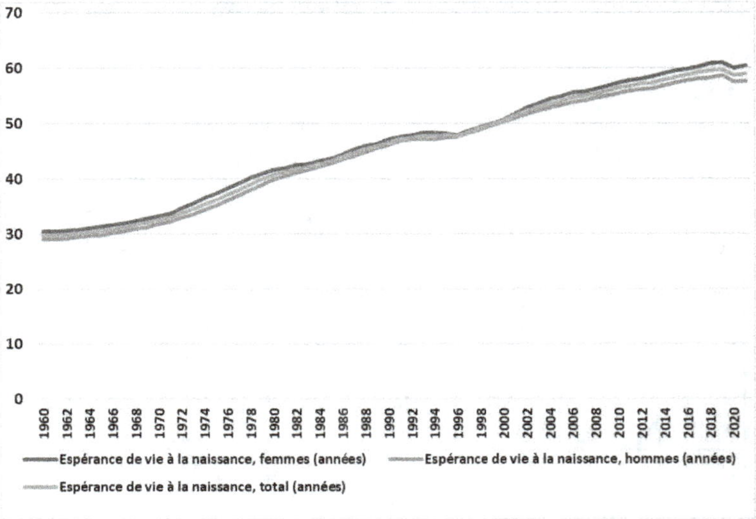

Source : Banque Mondiale, WDI

TABLE DES MATIERES

Structures éditoriales du groupe L'Harmattan

L'Harmattan Italie
Via degli Artisti, 15
10124 Torino
harmattan.italia@gmail.com

L'Harmattan Hongrie
Kossuth l. u. 14-16.
1053 Budapest
harmattan@harmattan.hu

L'Harmattan Sénégal
10 VDN SICAP AMITIE 3
BP 45034 Dakar-Fann
direction@senharmattan.com

L'Harmattan Cameroun
Tsinga/Derrière polyclinique FECAFOOT
BP 11486 Yaoundé
Jacques.koukam@harmattan.fr

L'Harmattan Burkina Faso
Villa 281, secteur 23 623, rue 14.32
Ouagadougou
zagbie@outlook.fr

L'Harmattan Guinée
Almamya, rue KA 028 OKB Agency
BP 3470 Conakry
harmattanguinee@yahoo.fr

L'Harmattan RDC
185, avenue Nyangwe
Commune de Lingwala – Kinshasa
matangilamusadila@yahoo.fr

L'Harmattan Congo
219, avenue Nelson Mandela
BP 2874 Brazzaville
deunovmikhael@gmail.com

L'Harmattan Mali
Immeuble Mgr Jean Marie Cissé
Aci Hamadallaye
BP 145 Bamako
syllaka@yahoo.fr

L'Harmattan Togo
Djidjole – Maison Amela
face EPP BATOME
02 BP 20680 Lomé
didieramela11@gmail.com

L'Harmattan Côte d'Ivoire
Résidence Karl – Cité des Arts
Abidjan-Cocody
03 BP 1588 Abidjan
harmattan.ivoire@gmail.com

L'Harmattan Bénin
Rue 604, (Immeuble à l'entrée
de la rue UCAO- Cite de Saint-Jean)
Cotonou
stepcorpus@gmail.com

Nos librairies en France

Librairie internationale
16, rue des Écoles
75005 Paris
librairie.internationale@harmattan.fr
01 40 46 79 11
www.librairieharmattan.com

Librairie des savoirs
21, rue des Écoles
75005 Paris
librairie.sh@harmattan.fr
01 46 34 13 71
www.librairieharmattansh.com

www.ingramcontent.com/pod-product-compliance
Lightning Source LLC
LaVergne TN
LVHW011019061026
849535LV00006B/1961